DISCLAIMER

The author and publisher are providing this book and its contents on an "as is" basis and make no representations or warranties of any kind with respect to this book or its contents. The author and publisher disclaim all such representations and warranties, including but not limited to warranties of merchantability. In addition, the author and publisher do not represent or warrant that the information accessible via this book is accurate, complete, or current.

Except as specifically stated in this book, neither the author nor publisher, nor any authors, contributors, or other representatives will be liable for damages arising out of or in connection with the use of this book. This is a comprehensive limitation of liability that applies to all damages of any kind, including (without limitation) compensatory; direct, indirect, or consequential damages; loss of data, income, or profit; loss of or damage to property; and claims of third parties.

This Book Offers Free Bonus Puzzles

Available Here:

BestActivityBooks.com/WSBONUS20

5 TIPS TO START!

1) HOW TO SOLVE

The Puzzles are in a Classic Format:

- Words are hidden without breaks (no spaces, dashes, ...)
- Orientation: Forward & Backward, Up & Down or in Diagonal (can be in both directions)
- Words can overlap or cross each other

2) LEVEL UP THE GAME!

A space is provided next to each word to write new ones, translations or notes. We also offer a convenient **NOTEBOOK** at the end of this edition. It can help you organize your annotations, new words and/or observations.

3) TAG YOUR WORDS

Have you tried using a tag system? For example, you could mark the words which have been difficult to find with a cross, the ones you loved with a star, new words with a triangle, rare words with a diamond and so on...

4) EASY TO CUT!

The Puzzles come with an Extra Large margin to easily cut the page out of the book. Some people may feel it more convenient to solve them this way.

5) FINISHED?

Go to the bonus section: **MONSTER CHALLENGE** to find a free game offered at the end of this edition!

Want **more fun** and activities to **relax? It's Fast and Simple!** An entire Game Book Collection **just one click away!**

Find your next challenge at:

BestActivityBooks.com/MyNextWordSearch

Ready, Set... Go!

Did you know there are around 7,000 different languages in the world? Words are precious.

We love languages and have been working hard to make the highest quality books for you. Our ingredients?

One part easy-to-read print, three parts entertainment, then we add some challenging words and a pinch of rare ones. We brew them with care to serve you lots of fun and an opportunity to solve the best puzzles.

Your feedback is essential. You can be an active participant in the success of this book by leaving us a review. Tell us what you liked most in this edition!

Here is a short link which will take you to your Amazon orders review page.

BestBooksActivity.com/Review50

Thanks for your fidelity and enjoy the Game!

Delta Classics Team

Puzzle 1

```
G  S  U  V  K  Ä  Y  T  Ä  N  N  Ö  N  T  A
S  X  F  Ä  Z  V  P  F  K  U  C  B  O  E  G
A  Y  A  H  W  S  Y  Y  O  S  Q  T  Z  R  G
T  F  S  E  B  R  Y  Z  I  C  D  Q  N  V  R
Q  B  F  M  Q  C  H  I  T  T  E  P  O  E  E
V  W  E  M  A  X  E  Ä  I  L  Y  Y  T  T  S
K  A  V  Ä  D  O  V  I  S  M  G  H  Ä  U  S
Ä  A  R  N  W  Y  P  W  N  B  A  T  Y  L  I
S  M  E  J  T  M  O  L  E  M  M  A  T  L  I
I  A  G  T  O  F  Y  Y  S  I  N  E  N  U  V
N  T  I  U  K  S  A  L  N  S  A  L  I  T  I
S  I  L  A  A  S  S  M  A  K  H  Y  I  Y  N
L  J  W  U  G  P  B  A  J  A  I  S  S  T  E
N  I  M  I  T  T  Ä  J  Ä  T  L  Y  E  V  N
```

FYYSINEN	MOLEMMAT
PYYHE	TAKSI
OPETTI	KÄYTÄNNÖN
AGGRESSIIVINEN	NIMITTÄJÄ
TYYLIÄ	LIITTYVÄT
LIHAN	MAA
KÄSIN	TERVETULLUT
VARJOSSA	LASKU
SAALIS	SEN
VÄHEMMÄN	ESIINTYÄ

Puzzle 2

```
V R E S U A K K I E L L Y Q G
M Y A P X A S S Y Y S I Ä T E
X A N I P A D H O N U N K Z E
T K Y L U M W T O D C T A W B
J S W O L L M K A V I U N M J
M I A T M A A L A U S J E F D
I A J T G D F M K V A I L R T
G L G I K R V N Ä S A U I A E
R Y P Ä L E E N C Ä S A K A R
M Y Ö H Ä Ä N P T U R B R V V
K E R R O K S E S S A Ä L A E
N Z X O M T I E T O J A V L U
D Q Q F U W I L M A I N E N S
W Y V D U G E Q D N Y Q S X T
```

MÄÄRÄ	VAARA
RAKAS	APINA
TAAS	LEIKKAUS
PILOTTI	LAISKA
ILMAINEN	MYÖHÄÄN
ETÄISYYS	KERROKSESSA
KANELI	TIETOJA
TERVE	AVAA
LINTU	UNOHDA
RYPÄLEEN	MAALAUS

Puzzle 3

```
T U N N I S T A A N U Z Z N J
P W T P G Y S T Ä V I Ä E Z I
A S W A M T O B D J N N Y S J
I U O L H I V S E L I U I D T
K A P O T E P F L Ö V I S I O
K L I M A N X A R L I L A S W
A H T I S O U R K A M E R A N
H S K E K L Ö H I B W E Z U P
V U Ä S U P K A N K A A L L A
D A L F Z P I S K I E R R O S
G J R L V A L T A T I E E Q R
I H L R U V A R M A F Y W W J
P O Ä Ä T N E M M Ä H F R R R
T E O L L I S U U D E N D C M
```

TUNNISTAA	LILA
VISIO	KIERROS
TEOLLISUUDEN	KAMERAN
TIEN	LAULU
TASKU	HULLUN
PÖRRÖINEN	PITKÄ
HÄMMENTÄÄ	KANKAALLA
VARMA	PAIKKA
YSTÄVIÄ	OHJAUS
VALTATIE	PALOMIES

Puzzle 4

```
H Z R N Ä Ä T L E M I N K T O
N Y Y L H F N E E H U P A A R
T S V I A E W Z R X H A P P A
X K B Ä H I N T A R H V E A V
C Ä V I K H R B Q Z O A A H A
P V C E V S H Y H N N R O T N
T Y Y T N Q Y W O A A V I U B
V H T A P P I Ä K Z R N O A E
J O U T S E N I A Z R A Y P J
J Ä N I S O A Y D I E A J F G
R I I P P U U K Q P K T F D F
V I T A M I I N E J A H W J P
A Q S N T A V O I T T E E N A
V I I S A U D E N D D T N H M
```

JOUTSEN	KAPEA
JÄNIS	TAPAHTUA
RIIPPUU	VIISAUDEN
HYVÄKSYÄ	TEHTAAN
NIMELTÄÄN	VITAMIINEJA
PIZZAN	HYVÄKSY
TAPPI	TAVOITTEENA
ORAVA	TERRORI
AIKANA	KERRAN
PUHEEN	HINTA

Puzzle 5

```
E W N O S K A J F L B A S K P
I A I X L Ä M F G V A U Y O A
Q A T G R M E O R D T B T S L
W N O Y Z Y E N Y I T J I T O
M E P K G Z T K O X A M R E I
Q M P Q K N M K R H M L Y U L
Y O U Y L I R J B J I H R T A
M B H J I A R O K Y L V A T B
O N E T T I S K O F O E Y A S
T N L S Ä N B A L A U M O S P
E F I D V T V I E H H G S D L
L X M P Ä F G N A K A A P P I
L I E L L W N E E P R A T R L
I B N M E P K N E S A K I O P
```

PALOI
MOTELLI
TEEMA
TARKOITUS
OMENA
JAKSON
KOSTEUTTA
PUHELIMEN
ELÄVÄT
TARPEEN

POTIN
KAAPPI
YRITYS
RIKKOA
SITTEN
JOKAINEN
POIKASEN
HUOLIMATTA
KOLEA
YMPYRÄ

Puzzle 6

```
V K T E S P A L P X V K W G F
A U A T Z T A V U K K U H U F
N L P O D Ä N F O N G G S B I
H T A M N E N I L A A I S O S
E T H A E L I V I V S H A I G
M U T A R I M I N U S L R F V
M U U T E I I V A S E Q E Y O
A R M T V V O V D K E J U Y I
T I A I P Z V Z H O N W Q T N
N E N I M U H U P R O W I A X
H Ä I R I T Ä P V E U P A D D
L A S K E M A A N I H T L K T
Q O O C L P A D Z V L F N J H
H E N K I N E N Z A H A L U K
```

HÄIRITÄ
VIILEÄ
LASKEMAAN
PUHUMINEN
HUONEESSA
HENKINEN
VIEROKSUVA
KULTTUURI
VANHEMMAT
LAPSET

PUOLIN
VEREN
PITI
ALTAAN
VOIMIN
HUKKUVAT
HALU
TOMAATTI
SOSIAALINEN
TAPAHTUMAN

Puzzle 7

```
I  O  N  V  E  O  B  O  D  C  C  Y  Z  N  Z
D  I  U  I  E  R  H  L  E  V  Y  Q  N  A  T
M  T  O  G  L  O  M  N  A  A  V  U  L  V  A
S  A  R  C  U  M  A  I  T  O  A  A  K  Ä  P
D  A  I  R  T  C  J  D  D  Y  K  S  U  L  A
R  V  E  V  M  V  R  R  T  G  K  U  P  T  H
T  I  U  O  Z  U  I  A  Q  G  M  M  P  T  T
U  T  N  T  B  D  K  D  H  R  S  M  I  Ä  U
N  O  X  N  O  W  U  N  N  G  R  M  Y  Ä  M
T  M  E  N  E  D  U  A  K  U  U  K  K  Y  A
U  D  N  R  G  A  A  T  N  A  K  I  A  P  T
U  W  X  X  W  Y  A  S  I  U  T  O  U  S  M
K  U  M  P  P  A  N  I  M  W  N  F  Q  K  A
V  A  N  H  E  M  M  A  N  A  R  A  L  J  O
```

SUOTUISA	TULEE
VAAN	KUUKAUDEN
KALA	LEVY
MAITOA	KUPPI
VANHEMMAN	PAIKANTAA
KIRJA	STANDARDIN
RUOHO	RINNE
VÄLTTÄÄ	KUMPPANI
TUNTUU	NUORI
MOTIVAATIO	TAPAHTUMAT

Puzzle 8

```
O  T  S  T  Q  P  R  Y  V  Z  Y  D  H  I  F
A  A  B  T  H  O  Z  T  I  I  C  O  U  V  E
L  R  P  M  L  I  S  U  U  H  C  T  Ä  K  D
L  I  Q  A  C  M  R  P  R  K  S  H  W  A  E
A  N  V  A  F  I  Y  O  Q  I  E  K  A  J  T
V  A  D  F  F  T  Ö  L  W  N  M  Z  O  U  Ä
A  L  J  W  J  T  S  K  T  Ä  X  R  V  T  V
T  Y  T  Ö  T  U  T  Ä  J  Ä  Q  Q  A  S  Ä
D  B  H  R  G  J  Ä  B  Y  S  O  I  U  I  T
O  G  M  F  W  A  Ä  C  X  Z  E  K  H  L  H
V  A  S  T  A  P  Ä  Ä  T  Ä  D  W  T  L  E
R  D  M  W  O  P  E  T  T  A  J  A  I  A  T
Y  L  E  I  S  U  R  H  E  I  L  U  N  S  J
L  A  U  A  N  T  A  I  R  D  A  U  Q  O  R
```

ÄÄNI	YLEISURHEILUN
LOPUT	TYTÖT
RYÖSTÄÄ	DIA
VÄHENTÄÄ	HUUSI
EDETÄ	VASTAPÄÄTÄ
POIMITTUJA	JATKO
VAUHTI	LAUANTAI
OPETTAJA	ISTUI
TEHTÄVÄ	TARINA
OSALLISTUJA	TAVALLA

Puzzle 9

```
I  H  W  Ä  R  Y  Ö  N  P  P  T  F  J  I  K
A  I  H  E  Y  U  E  X  Y  B  I  V  A  L  O
Ä  V  Ä  T  T  I  I  R  S  H  R  A  T  M  D
D  K  S  M  K  D  T  E  Y  A  A  R  K  O  F
F  Y  I  Q  Y  Y  N  Y  Ä  M  S  A  U  I  H
P  N  Ä  H  N  E  E  T  T  U  K  S  V  T  F
A  J  A  T  T  E  L  U  A  U  A  T  A  U  S
H  W  W  A  F  I  M  E  L  T  A  O  S  S  H
G  A  S  S  O  N  N  U  K  O  K  S  T  Y  Q
F  S  L  N  A  M  P  Ö  I  S  S  I  G  R
E  H  L  A  V  I  H  A  D  M  I  A  E  G  R
K  L  P  A  S  L  V  R  Z  Y  T  O  J  P  H
G  E  E  M  X  I  S  K  I  S  Ö  Z  H  W  U
T  U  L  O  S  S  A  G  O  D  X  L  Y  L  X
```

PYSYÄ	KUNNOSSA
MUUTOS	AJATTELUA
VARASTOSSA	VALHE
PYSTYY	AIHE
TULOSSA	NÖYRÄ
OMAANSA	HALASI
VIHA	RASKAAKSI
NÄHNEET	SIKSI
RIITTÄVÄ	JATKUVASTI
LÖYDÖN	ILMOITUS

Puzzle 10

```
O  P  D  I  V  Z  L  F  J  R  L  J  V  O  Y
H  N  M  Q  M  K  V  H  S  X  C  N  W  L  L
Ä  P  S  V  A  Q  V  A  M  A  Q  Q  K  L  L
N  E  T  S  E  I  M  J  E  E  A  Q  G  U  Ä
Q  S  U  O  F  B  Ä  O  N  K  F  L  X  T  T
F  A  R  I  G  S  S  E  F  Z  I  T  V  T
M  F  I  L  N  B  G  I  E  T  C  D  L  O  I
O  N  S  E  L  Y  H  Y  T  B  V  Y  Q  W  R
G  Z  S  U  W  Q  R  Y  K  Y  K  M  X  Q  H
O  T  T  O  N  Ö  Ö  T  T  Y  Ä  K  R  P  U
I  N  I  I  S  N  E  B  A  A  M  U  L  L  A
T  A  R  K  K  U  U  S  E  N  E  R  G  I  A
J  H  E  N  G  I  T  T  Ä  Ä  P  H  L  W  H
U  Y  Z  T  U  O  M  I  O  S  T  A  F  E  K
```

SIRUT	AALTO
YLLÄTTI	ENERGIA
HENGITTÄÄ	TYÖ
MIESTEN	UHRI
HAJOSI	TUOMIOSTA
KYKY	KÄYTTÖÖNOTTO
LYHYT	BENSIINI
MENEE	ITSENSÄ
TARKKUUS	AAMULLA
HÄN	OLLUT

Puzzle 11

```
A  S  I  A  N  A  J  A  J  A  C  I  L  U  A
P  Y  Ö  R  Ä  I  L  Y  U  Z  T  F  B  A  K
V  T  V  R  D  L  D  Ä  E  K  Y  Ö  T  D  G
V  I  E  R  A  I  L  U  N  E  K  T  I  I  W
A  D  I  O  K  I  N  U  M  M  O  K  P  O  O
D  N  X  D  S  R  K  S  C  S  R  A  D  I  O
X  I  F  S  F  Q  A  T  P  H  K  L  W  T  A
S  Ä  Ä  F  I  V  T  E  K  E  N  G  Ä  T  T
U  X  O  K  R  N  R  V  O  X  U  Z  P  R  E
A  Y  G  A  K  P  E  N  N  E  S  A  S  O  E
J  H  V  H  C  C  K  T  O  J  A  A  N  P  P
R  T  T  E  L  T  T  A  T  G  H  Ä  N  E  N
O  I  C  Ä  L  L  E  N  E  I  S  X  X  Q  L
K  Ö  H  E  R  K  U  L  L  I  N  E  N  C  Y
```

HERKULLINEN   TÖYKEÄ
RADIO   VARVAS
YHTIÖ   ASENNE
VIERAILUN   SIENELLÄ
KORJAUS   ASIANAJAJA
SINETTI   SÄÄ
PORTTI   KENGÄT
PYÖRÄILY   HÄNEN
KOMMUNIKOIDA   OJAAN
TELTTA   REPSOTTAA

Puzzle 12

```
M T O Y B V P U N A I N E N Z
A U S X R K A P Ä I V I T Y S
A L O C E X E R S Z J A S E E
I O I J S X S H O E V T A R N
L K T N A U P L T V O G I Ä E
M S T Ä Q I U C A I A N L M M
A E I Ä P G B R T M A I E A M
A N Y T W W Q S I Z A Z N A Y
I L M E I N E N B N V P U E K
I E D I Y L U S I K A L L A N
Y J L S L K A K S I K K W C S
L Ä Ä E L I S J P F U J L U U
U D N M U R T U M A M E J C Z
X I V A L M E N T A J A Y V L
```

OSOITTI
ITSELLENI
SUURIN
MURTUMA
SIETÄÄ
SILEÄÄ
PUNAINEN
ASE
ERÄMAA
KAKSI

TULOKSEN
MUKAVAA
KYMMENES
VAROVAINEN
LUSIKALLA
PÄIVITYS
ILMEINEN
VALMENTAJA
UNELIAS
MAAILMAA

Puzzle 13

```
D  J  Ä  N  N  I  T  T  Y  N  Y  T  H  D  E
O  M  M  U  M  P  C  I  Z  I  V  I  U  H  R
T  M  J  U  V  X  G  O  J  U  E  N  Z  U  E
L  A  A  T  P  Q  N  G  L  N  W  E  Q  P  K
A  O  E  S  V  I  J  X  O  Z  I  I  X  L  K
L  V  K  I  Y  C  K  S  R  B  L  S  M  R  A
L  U  U  V  V  L  T  M  E  H  U  A  Y  Y  L
A  U  L  D  M  I  X  Y  R  U  Q  W  Y  S  I
N  M  Y  R  K  K  Y  Ä  Ö  T  M  S  M  K  I
N  L  Y  B  L  A  H  G  M  K  J  D  Ä  A  K
A  A  V  E  V  J  Q  Y  O  B  A  P  L  A  E
R  E  R  I  T  Y  I  N  E  N  Q  L  Ä  V  N
T  Y  Ö  S  K  E  N  T  E  L  E  E  U  A  A
V  I  E  N  T  I  R  E  E  T  H  I  S  U  D
```

MYRKKYÄ	SIHTEERI
REKKALIIKEN-	ISTUU
TYÖSKENTELEE	OMA
TYÖKALU	LUKEA
HUIVI	HIENOSTI
RANNALLA	SIENI
KAAVA	VIENTI
MEHUA	MUMMO
JÄNNITTYNYT	MYYMÄLÄ
AAVE	ERITYINEN

Puzzle 14

```
Q M N E S I O T H E A A P A V
K U U L L A Y F W A U P P D G
H M U N E N I O V R A K I I T
A A E E Y S U L A T T A A U X
M C Y S J Ä T T I M Ä I N E N
P R Ä K E C J Q J V D K S P L
A V P U O T M M R E X C N M I
A K R T O P E R A A T I O N I
T U L I M E K A A N I K K O K
L K P L O S A P U O L I A B K
Y K A L S I G N A A L I N T U
C A W A A T T O D H E Y J E A
N V W H T E K N O L O G I A A
U S K O L L I S I A M N D P M
```

MEKAANIKKO
EHDOTTAA
HALLITUKSEN
IDEA
VAPAAEHTOISEN
ARVOINEN
USKOLLISIA
VÄSYNYT
SULATTAA
OSAPUOLIA

HAMPAAT
KUKKA
KUULLA
JÄTTIMÄINEN
TOI
UIDA
LIIKKUA
TEKNOLOGIAA
SIGNAALIN
OPERAATION

Puzzle 15

```
Y O X E A G M N O U T O J E S
K N S E B Q K E T X V O T U S
S K T U W M B N D Ä V M M H E
I O U L X A J I D I J M K Q L
T E L Q E A H L Y N A I W J V
Y M V I D L V L G N M N I A I
I M A S A A R A V E U F P K Y
N R Q S M T V V J P U K F O T
E W P E S A C A W F T U H L Y
N N W S Z F M T Z N A S G L V
K I L O M E T R I N Q A N A Ä
U M A R N E N I A H L A   P T
K O R P P I H T B D I N R U D
V I I S I J I R Ä P M Y H U C
```

PALLO   PENNIÄ
KILOMETRIN   TULVA
ONKO   PIAN
ALHAINEN   SELVIYTYVÄT
VIISI   JAKO
MEDIAN   TAVALLINEN
OUTO   PROSESSI
YMPÄRI   MUUTA
SUMMA   MAALATA
YKSITYINEN   KORPPI

Puzzle 16

```
S  U  H  T  E  E  S  S  A  L  G  Y  D  N  N
A  U  L  U  B  N  P  I  O  R  K  I  I  R  E
K  S  X  Z  E  M  T  I  E  N  Ä  L  Q  G  S
M  K  N  E  L  V  S  A  A  T  T  E  P  O  K
I  O  T  F  X  X  U  O  M  O  Y  N  M  K  O
F  N  A  Y  J  A  T  U  L  Ä  Ä  T  A  S  K
R  N  V  C  L  S  L  Y  E  L  T  Ä  L  U  I
E  O  F  Y  U  T  U  K  G  L  Ä  Ä  L  Z  R
E  L  E  U  K  R  A  G  N  Ä  F  N  I  F  U
S  L  J  Z  K  I  M  P  O  Ä  C  E  S  S  M
I  I  V  R  A  K  K  U  D  T  K  Z  P  I  L
A  N  Z  M  K  K  M  A  I  N  I  T  T  U  A
A  E  B  C  F  I  V  A  I  H  E  E  S  S  A
H  N  G  P  K  A  T  O  A  V  A  T  S  B  I
```

KIIRE	TÄÄLLÄ
TÄYTÄ	KAKKU
KATOAVAT	MALLI
MAINITTUA	LENTÄÄ
TEEN	USKONNOLLINEN
LÄNSI	RIKOKSEN
ONGELMA	RIKKI
FREESIAA	SUHTEESSA
VAIHEESSA	USKO
OPETTAA	JUUSTOA

Puzzle 17

```
M U O T O K U V A A T N A A M
M V A S T U S T A J A B C H B
Z Q U S K P U E M M Z P N D I
D D T X J A Z H T Q N I O I O
A S S N I L E T T A J A T S Z
H I I T B M P P A A L U S T E
A C P X R A O T A R V E A U N
A P A H C N S T M K H J N N T
T F R T I I Y N I O H L A U I
S M T U A I K Q T U C R S T N
U S T K T I T S Ä V Y H Q M E
P S T A T A S O Ä S E P W S N
I A K M N Z F F N M X J F V S
R H A M P U R I L A I N E N M
```

HYVÄSTIT	AJATTELIN
MAKU	PONI
HAMPURILAINEN	ANTAA
TASO	RATKAISTAAN
AHDISTUNUT	VASTUSTAJA
SULAA	MITÄÄN
ISTUIN	SANASTON
RIPUSTAA	ENTINEN
MUOTOKUVA	VUOKRAA
PESÄ	RAPISTUA

Puzzle 18

```
D  Ä  P  P  R  Ä  K  V  Y  A  Z  D  A  A  M
L  E  I  J  O  N  A  Y  J  G  Q  P  A  J  I
A  H  H  V  N  X  V  Ö  F  D  G  T  F  I  T
R  I  V  A  K  L  A  J  P  E  N  G  K  E  E
T  T  A  V  L  C  T  S  W  A  F  D  O  L  N
I  E  R  A  J  L  S  B  K  O  O  O  H  R  M
K  S  S  L  I  E  I  V  M  N  I  I  T  Ä  U
K  I  I  I  A  M  O  N  X  A  V  L  W  X  O
E  A  N  K  K  R  L  D  T  U  R  D  J  V  K
L  N  K  O  Z  O  K  G  P  A  A  O  O  B  A
E  O  I  I  G  D  U  I  A  M  Z  F  C  B  T
I  T  N  M  O  W  O  B  N  I  U  S  R  E  A
T  R  U  A  N  E  M  Y  Ö  H  E  M  M  I  N
A  I  H  N  T  O  I  M  I  V  A  T  S  K  Z
```

MYÖHEMMIN	ARTIKKELEITA
VARSINKIN	ARVIO
KÄRPPÄ	KANTAA
LOISTAVA	HALLINTA
ARKIN	IRTONAISET
NIITÄ	VYÖ
LEIJA	TOIMIVAT
JALKA	MUOKATA
MITEN	TIHEÄ
VALIKOIMAN	LEIJONA

Puzzle 19

```
E  I  I  T  S  E  S  I  L  L  E  L  O  U  H
S  H  C  E  P  K  J  M  A  C  W  M  O  A  W
I  M  L  E  O  E  Q  O  M  V  Y  S  T  I  E
M  I  Q  N  M  S  F  E  P  I  A  S  H  A  L
E  S  P  U  D  T  B  V  P  B  A  T  I  T  L
R  E  S  L  A  O  N  I  U  M  T  P  I  N  Ä
K  N  N  U  P  M  E  O  U  I  L  A  H  A  K
I  N  V  K  W  M  E  T  C  D  A  K  P  A  T
K  P  E  R  U  S  H  M  N  H  H  K  A  T  I
S  D  B  I  P  A  R  E  T  U  U  A  L  E  P
I  T  V  E  P  B  E  N  G  R  P  S  W  T  N
P  O  Y  A  N  H  P  N  T  J  V  T  Y  O  G
S  Y  T  F  D  T  C  Y  G  G  N  A  W  D  R
P  E  H  M  E  I  N  T  J  U  O  D  A  O  A
```

PUHALTAA	MENNYT
KULUNEET	JUODA
LAMPPU	IHMISEN
HIIHTO	TOIVE
HUOLELLISESTI	PITKÄLLE
ODOTETAAN	TAPAHTUMASTA
TAITAVA	PEHMEIN
PAKKASTA	ESIMERKIKSI
KESTO	PERUS
PERHEEN	SOVI

Puzzle 20

```
K I E L T Ä Ä M O Q O Z I B K
K U K I N T A V I H A I N E N
K K U A K X F O A K H Q A L E
N O U S E V A T F O R V A O N
Y T P A X B T A Q V A A M S I
R U U D O U M V A E T L A U Ö
H M P M G R A A M M N A A U K
O C Y Z O L F L S P I A V N H
P N J U L K T T E A Ä N U T Ä
E H K E W L O A I A L D K I S
A B M L O E Z V K H E X S I O
T M V A P A A A K M I R G N H
O P I T Ä V Ä T A V K H O D L
C Q Q A L U E E L L A G S E O
```

VIHAINEN	VALTAVA
SÄHKÖINEN	VAPAA
SUUNTIIN	VALAAN
KUKINTA	ELÄINTARHA
KIELTÄÄ	ALUEELLA
SEIKKA	PUPU
PITÄVÄT	HOPEA
KUVAAMAAN	KUORMA
NOUSEVAT	OMMELLA
HATTU	KOVEMPAA

Puzzle 21

```
L  V  U  A  K  K  I  S  N  A  M  N  S  I  R
V  Ä  T  N  R  Y  S  B  V  Y  E  I  T  H  L
W  D  H  Y  Y  J  C  A  T  E  W  U  R  M  R
Z  B  I  E  C  K  T  N  T  T  Y  K  M  E  A
I  A  Y  M  S  T  M  E  M  A  T  O  A  Ä  T
T  F  D  O  E  T  I  H  Y  P  P  Y  K  S  S
Ä  N  T  R  R  T  Y  S  O  H  V  A  E  N  U
Ä  M  U  I  E  L  K  V  O  H  T  N  A  E  N
N  A  C  K  X  I  D  V  Ä  G  Y  A  O  H  I
N  C  Ä  M  I  E  S  A  R  T  T  I  L  E  S
L  Ä  Ä  T  T  Y  L  I  Ä  S  G  N  K  I  Z
L  O  L  E  N  N  A  I  S  T  A  E  D  M  X
V  E  D  E  N  K  E  I  T  I  N  N  V  Y  K
M  I  E  H  I  T  T  Ä  Ä  X  V  K  W  I  B
```

NAURETTAVA	OLENNAISTA
SINUSTA	MANSIKKA
LÄHESTYVÄT	MIEHENSÄ
MATO	SOHVA
LÄÄKETIETEEN	NAINEN
MIES	OHI
HYPPY	VEDENKEITIN
IHME	SÄILYTTÄÄ
KUIN	MAKEA
MIEHITTÄÄ	ITÄÄN

Puzzle 22

```
A A T T O J I U T S G N S T I
Z H A P V K F N O O I A O E S
Z U V Y W I R E K I I T I K O
H N O P W I Q N S K F T T N I
K E K S I Ä G I R P P P T I S
L N I U U U A Ä S I R Z A I Ä
A Y A T Y N T T R N K U A K N
A T I I Ö D A T I D X K R K S
J T L O L V J I E O B P A A Ä
E Y V K J F I S F F I W M I J
N H E E Y T U K J J Q S A M N
T N S S Ä T H Y R Z F Q A K V
A T Y H J E N N E T Ä Ä N W A
A B D T E I P P I T T E I V K
```

TEIPPI	SEKOITUS
YKSITTÄINEN	ILVES
HUIJATA	KEKSIÄ
SOITTAA	AIKOVAT
TIIKERI	ASIOITA
ISOISÄNSÄ	LAAJENTAA
ÖLJYÄ	HYTTYNEN
NAISIIN	TEKNIIKKA
RIKKAIN	VIETTI
TUIJOTTAA	TYHJENNETÄÄN

Puzzle 23

```
H  T  H  E  R  Ä  S  I  V  T  T  Y  S  K  W
J  U  A  L  A  P  U  I  P  O  U  L  E  I  M
I  Z  U  I  J  H  O  A  Z  I  N  L  L  I  I
T  Y  U  L  P  L  B  T  N  M  T  Ä  O  L  L
M  A  K  V  E  U  J  L  K  I  I  P  S  T  M
A  R  V  T  H  R  M  U  W  N  A  I  T  Ä  A
A  V  T  A  E  N  N  U  T  T  U  T  U  V  I
I  I  C  T  L  H  G  V  S  O  T  Ä  S  Ä  S
L  E  N  I  L  L  T  Y  U  H  U  Ä  C  Y  E
M  L  C  Y  T  N  I  I  T  T  E  D  I  P  K
A  Ä  O  S  A  K  E  S  D  O  K  R  W  A  S
S  N  K  L  W  M  M  Y  T  K  S  C  I  U  I
S  Y  Ä  K  K  Ö  Y  H  N  A  A  C  R  P  Z
A  K  K  N  A  U  D  K  L  A  L  I  U  T  D
```

ILMAISEKSI	TUNTIA
TAIPUMUS	KYNÄ
VIELÄ	ANKKA
KIILTÄVÄ	TUNNE
VIOLETTI	HYÖKKÄYS
MAAILMASSA	TAVALLISTA
PIDETTIIN	HERÄSI
LASKEUTUA	YLLÄPITÄÄ
SELOSTUS	OSAKE
PALA	TOIMINTO

Puzzle 24

```
A H E K I V R O K K E H Ä O H
S I W M Q U L I A K K E I M U
T E W C J O R P A J N I L R O
A L A L L U N N A P G U M O M
V F E T C G A L K U V W T E I
J U N R W A A T R F P M J H O
Q D N N I K S A L R U Q M S T
A V O A K C S H H I P V H F A
B T A S L V I B K N S I O P N
Z K C Y X N O K K I T A A L V
L N Z M T C N Y H T E I N E N
H A U K K A N V Y D Z S K O L
V Y J Ä T S I Ä M M I S N E L
T E E K A N N U Q H Y R V S F
```

HAUKKA

INNOISSAAN

KANA

PANNULLA

KEHÄ

LINJA

MIEKKAILU

TEEKANNU

YHTEINEN

ENSIMMÄISTÄ

KORVIKE

HUOMIOTA

LASKIN

POIS

VATSA

ALKU

TIE

ONNEA

SILTA

LAATIKKO

Puzzle 25

```
S X M U O K K A A W N R V P Y
H D A K H K F Y L W Ä A I Ä H
P U H U A H H S L L Y N L Ä T
M O N E T U W O E U T G L T E
I N R E D O M C L O T A I T I
R P Q Q K L M I O T E I E Ä S
P E C P L I T I U T I S Q V K
E R A F M N T L P A L T M Ä U
R L Z K A H N C Ä M L A S T N
U V D L T T L X L U E B Y P N
N T G A F I T A Y S G P Ö H A
A N Q V A J O H U A J L D H N
E C L A T S I N N U T N Ä Q L
V X O A I K A T A U L U U L K
```

PUHUA   ENGLANTI
TUNNISTA   YHTEISKUNNAN
MONET   MODERNI
VILLI   NÄYTTEILLE
SYÖDÄ   RANGAISTA
AIKATAULU   PÄÄTTÄVÄT
LUOTTAMUS   JAUHOJA
REAKTION   YLÄPUOLELLA
PERUNA   LOHKO
HUOLI   MUOKKAA

Puzzle 26

```
T F N B A V I Ä T H Y B U G B
T S J F G T L K G D I T E H G
M Y F N E T S I Ä T T I S K Y
Y T H J S D E A B I F L R E N
Y Ä V J R O M A H D U S A E G
V N K N E E N E V J B L A H N
Ä N A K E N C X E Y O S W K A
T E H I Q H T V T U L L U U K
A R V O K A S Ä L X K M J K K
K I R S I K K A Ä M H E L A I
S Ä Ä N T E L Y N W Z U A A A
O N N I T E L L A V I B O K V
O Y M U U R A H A I N E N A W
K A U P A L L I S I A J J O J
```

ARVOKAS
SÄÄNTELYN
ENNÄTYS
VENEEN
ROMAHDUS
LEHMÄ
KIRSIKKA
ONNITELLA
KAAKAO
MUURAHAINEN

YHTÄ
HIIREN
LUOLA
HETI
KUULLUT
VAIKKA
TYHJENTÄÄ
KAUPALLISIA
MYYVÄT
YKSITTÄISTEN

Puzzle 27

```
I  S  N  N  W  T  U  D  I  I  L  I  R  Ä  V
L  A  O  U  U  A  U  X  Y  U  Y  X  C  M  P
O  K  I  T  T  Y  H  N  E  D  H  A  L  E  E
I  R  P  J  A  P  X  F  N  V  Q  R  K  R  N
S  I  A  J  R  U  K  Q  E  U  Q  Y  P  K  T
E  K  I  P  E  T  T  Ä  Ä  X  S  N  L  I  U
S  X  N  T  I  E  D  E  T  T  Ä  T  A  N  H
T  T  O  G  S  V  G  M  N  C  R  M  U  J  J
I  A  T  I  E  R  O  U  T  W  W  W  P  S  I
H  E  T  R  H  F  V  I  G  N  S  I  A  X  X
F  X  A  N  A  I  S  I  L  L  A  R  A  A  V
N  A  M  I  E  L  R  M  A  M  F  R  S  K  O
J  K  R  S  Z  E  B  V  H  H  U  B  H  Q  I
T  S  M  V  A  N  H  A  I  K  A  E  C  X  P
```

HIRVI	LAHDEN
KIRKAS	LEIMAN
TUNNUSTUS	KURJA
HYTTI	SAAPUA
MERKIN	VÄRILIIDUT
PETTÄÄ	PENTU
TUOREITA	MATTO
ILOISESTI	VAARALLISIA
TIEDETTÄ	SOTA
VANHA	PAINO

Puzzle 28

```
Z N Q W P P E Ä L I T T N Y K
D E O W I O D Y O U S A E K P
E N N E H Y L T L R U C N K I
M I T Ä N N R I Ä Ä T T I R Y
W L P S A E H F T S U R O H J
Y L S K K S Y U Ä I K E L O L
I I V F I K H J K X I A I Q V
G R M Q S Y P F Ö P A K Q U U
J E D B E M I Z Y L V X K P O
Z F G J O Y C Q H L X G T A H
O D G K M S S I V I I L I E I
S R S R N Y T E I T Y F B R R
N I S I A K A T O S T A A O D
L K A D O N N U T J B Q O A Q
```

MITÄ
OSTAA
ILOINEN
KYSYMYKSEN
HYÖKÄTÄ
LISKO
VAIKUTUS
TAKAISIN
YRITTÄÄ
POLITIIKKA

KADONNUT
EROA
LYHENNE
VUOHI
TIETYN
SIKA
KERTOI
SIVIILI
ERILLINEN
KYNTTILÄ

Puzzle 29

```
L Ä L R R A K K U S C G A Ä K
I K E Y S I M E V Ä T W I E O
I I O J X S V R K R D P R K N
K L P A P I U E L P E J O Ä E
E L A F Z A S M R R E T T M E
N I R O K K I E H S U O S U L
T S D G E T J N J W I Y I T L
E E I I V U C R G B M O H Q A
E N N J E M C E N T I P E D E
N E O Q R I K O U L U N J Z C
N T W F K N O T T E L U T C I
L X T X K O T N U S U A L N Y
I R D L O M O H J E I D E N N
H U O L I S S A A N W N V T K
```

OTTELU

REPIÄ

HEIKKO

HISTORIA

LEOPARDI

IMEVÄT

KOULUN

MÄKEÄ

KONEELLA

ÄKILLISEN

SUKKA

HUOLISSAAN

VERKKO

LAUSUNTO

VERSIO

MONIMUTKAISIA

LIIKENTEEN

CENTIPEDE

KESKEINEN

OHJEIDEN

Puzzle 30

```
M K A N S A I N V Ä L I N E N
U H L H N W K U I V U U S E I
O D O B I M O M I T U I S I N
V O S O I T T A V A T Q K O K
I K R U U N U A F I R E F L Y
N Ä Y T T I S K U U M E M P I
S A N A N T Ä V I S R Ä K N X
E M O T I O N A A L I N E N Ä
N C H X L O M C M A S L J M T
I B O B I S Z S T L S X Ä Y E
S Z U J I T Q A E U W N J H S
E G U C J O L F M K I B J Z V
P U L L O E L K M K X U N M G
E Q R W P M P N D O S Y H H P
```

NÄYTTI   OMITUISIN
KUUMEMPI   FIREFLY
PULLO   KANSAINVÄLINEN
ESINE   LUKKO
OSTO   SANA
KUIVUUS   SETÄ
OSOITTAVAT   ASTI
KRUUNU   NÄMÄ
KÄRSIVÄT   MUOVI
PELATA   EMOTIONAALINEN

Puzzle 31

```
P K P R B J O D E H O E Z O E
O Ä G Q L E T O A I K R E K D
I Y V L C Y T I U E V W N S I
K T X C E Z R O M N V A Y I S
A T Ö C Y I L I T O H N Y S T
K Ä T Y E K K Y B K Q I K P R
I J S X B E R K L S D A N M A
A Ä I L A R F Y I I E P Ä Z C
R L M M R Ä U N S Ä I B S T T
I L M H V T Ä V Ä T T I Ä V A
R E E C A Ä I V Ä R E T A O A
B Y H J U U U S I A Q J C I S
A O Ä A S S E S K U A P A T I
Y A V H I E I J R Y X Z A B S
```

SISKO
ARVAUS
VÄHEMMISTÖ
HANKE
SÄNKYYN
TILI
POIKA
LEIKKIÄ
DISTRACT
TAPAUKSESSA

KÄYTTÄJÄLLE
AASI
TERÄVIÄ
UUSIA
AIKA
HIENOKSI
KERÄTÄ
SYY
VÄITTÄVÄT
PAINA

Puzzle 32

```
L O W P Z S T A R K A R A P H
P R N Y V U Q A E P Z Z H S A
N I I V Y K Ä N R A R J U A L
G L D K Q A I G E K J E L A U
O O U L H T V K O E A U L T A
Ä L L Ä S I S J J X E S U T A
B V T P Q A G X E H H U T U Y
D Y U C L S R H T K U O E A K
M Z H A R M A A L Ä A L R L A
K E S K E L L Ä L I K A R A K
P E L O T T A A B R G T W P B
C Ä L L Ä V Ä T Y Ä K H H M J
G Q C R V Q R N N Ä M A T H F
C O C K T A I L G V U R U B D
```

COCKTAIL	NÄKYVIIN
TALOUS	OLI
PELOTTAA	SAI
SISÄLLÄ	KESKELLÄ
SUKAT	ARKA
HULLU	HARMAA
HIGHLIGHT	PALAUTTAA
HALUAA	VÄÄRIÄ
KAUHEA	KÄYTÄVÄLLÄ
LASKEA	TARKASTAA

Puzzle 33

```
N Y T M A S E M A L L E U D B
O H A E V E H N Ä E T Z J F T
T T K R T R A W C U V K A N P
E E A E P W O T T B C T P X
E Y N S T I V K A E Z O P Q L
R D A S Z G I W J N R Y P P Y
A E H Ä S M O P O L I I S I A
U S A V U T T U U M H A Y W S
S S S K A W N E N I O K L A V
V Ä S U N H Ä A G P I S N R J
K E R K T L Ä H F A N B E T E
N C R G O A T O L I I P N Q W
E E E O I M E L K E I N Ä H X
W M C G A A K X A Y V B D T Z
```

ASEMALLE
YHTEYDESSÄ
TOIVOA
RYPPY
VIINI
KETÄÄN
TUTKIMUKSEN
VEHNÄ
NOTEERAUS
MUUTTUVA

VEROA
NENÄ
VALKOINEN
ANTOI
LAINATA
TAKANA
MERESSÄ
PIILOTA
POLIISI
MELKEIN

Puzzle 34

```
K V D S V Y A Ä T A D K N L S
A C I S O L U T R N C A Ä N V
S A B I L N U S T U K T L L K
V S T A N I I Ö T K K S K A Z
U S L T E I I N Z K A A Ä D S
A I S N S D R N I L U U I Y Y
T S E I K L E Y D A T S N B Y
U I K M O J K Y P K T B E I L
P M O I V E O P C Ä A S N R L
A I I O I R S S O I L N C D I
W A T T A Y G F K M N E Q B S
D N A T K T Z C B U K V E L I
M U K A A N G A J J S U Y T Ä
B V N Z K R O K O T I I L I Z
```

NAIMISISSA
PYYNNÖSTÄ
KASVUA
SOKERI
JOSKUS
KUTSUN
TULOS
SEKOITA
KATSAUS
VIINIRYPÄLEET

SYYLLISIÄ
NÄLKÄINEN
KAIVOKSEN
LADYBIRD
MUKAAN
KROKOTIILI
KAUTTA
TILALLA
KALKKUNA
TOIMINTA

Puzzle 35

```
K C M Q C L I E Z H K W P M V
U Y C R A V R M R E A C Y A U
T A T O H U T G U N A P S X O
O T W A V A K A V K T J Ä N T
V K R K G B V E U I O A H U O
U I N E S O V E H L I S T K E
K Y T E J B O G X Ö J A Y K S
O S U L L E K U S N O H I E I
J B T I T J W Y Y H L V D H L
W S T O S H Ä Q U B C J S A I
W V U W L Y D T R P O H J A I
R R J K O R K E U D E S S A N
O R A T N U K I I L O H R N A
O L E T T A A I L M A S T O P
```

ESILIINA	NELJÄ
VAKAVA	HEVOSEN
KIRAHVI	PYSÄHTYI
TUHOTA	VUOTO
HENKILÖN	TUTTUJA
POHJA	JOKU
SUKELLUS	NUKKE
TUHOA	KAATOI
KORKEUDESSA	ILMASTO
OLETTAA	LIIKUNTA

Puzzle 36

```
I B T C X P M C S M E Z H V H
T O A T N A R Ä N I N N O U T
S I R Z B P J W W K I H B C H
E K K X C L S K F O N L J J M
Ä E K J E O Ä M L E T E N E M
Ä A A N V K L T I L Ä E G U R
N S I R W K K L U A Ä I T S E
T S L H H I I S E O N K O E A
B A L D R I R L X G M U U I L
T D A K M V J K Y Q E A C N I
K U R K K U A M R E K P R U Z
J O I S T A S A I L E T U I E
M M Q P K Q T F N R A U T A H
S I N P K R O L U V U L L A V
```

KURKKU   TUONNIN
OIKEASSA   KERMA
VIIKKO   USEIN
TARKKAILLA   MENETELMÄ
ITSEÄÄN   LUVULLA
REALIZE   UTELIAS
ENINTÄÄN   TUOMARI
RANTA   NELJÄS
RAUTA   JOISTA
COLLEGE   KIRJASTO

Puzzle 37

```
S  S  Y  N  T  Y  N  Y  T  I  Z  K  U  T  L
Ö  O  N  H  C  F  T  G  S  Y  D  S  R  L  L
Y  J  P  H  M  T  B  U  H  O  I  D  P  X  V
M  Ä  Y  I  Y  H  S  K  C  A  T  I  O  N  E
I  Y  X  I  A  F  P  E  K  E  V  R  A  P  D
V  K  N  E  S  K  U  T  U  K  I  A  V  J  E
T  K  E  X  X  K  A  L  A  O  T  A  A  U  N
C  Ä  W  U  Y  R  N  Z  M  Z  S  T  J  L  E
T  U  O  T  T  E  E  S  T  A  E  S  O  I  E
K  E  L  K  K  A  W  V  V  V  D  U  M  S  S
H  A  L  L  I  T  S  E  V  A  H  N  O  T  U
A  S  I  T  N  I  O  I  V  R  A  N  C  A  A
Y  S  T  Ä  V  Ä  K  J  P  Y  K  E  B  A  L
P  S  D  K  E  S  K  U  U  D  E  S  S  A  P
```

RATKAISU	LAUSEEN
HALLITSEVA	MYÖS
SUSI	PARVEKE
NOITA	ENNUSTAA
TUOTTEESTA	KESKUUDESSA
KAHDESTI	JÄYKKÄ
KELKKA	VAIKUTUKSEN
ARVIOINTI	SOPIA
VEDEN	YSTÄVÄ
JULISTAA	SYNTYNYT

Puzzle 38

```
F Y I K O J O O T T I M U P K
V O V A L T A V A N L W K U O
V A E B A T L A V I K Ä V O H
O S O I T E U K O R T T I L T
N Q C E K N O N E S Ä J O U A
G R X D L N I T U U N I M S L
A A J A Z V U G T T Z P L T O
K V H A I P I E R Q S V I A K
K T H R O P P I L A S I K A A
L C Ö K A M P A N J A M N Q S
A Y A L A K E R R A S S A N D
P T F Y H D I S T E L M Ä H O
K S R T O I M I T T A A C I V
B V N E U V O T E L L A A F C
```

JÄSEN
YHDISTELMÄ
OSOITE
KAMPANJA
NEUVOTELLA
MINUUTIN
KOJOOTTI
PALKKA
VALTAVAN
OPPILAS

AJAA
KOHTALOKAS
TOIMITTAA
VOI
ALAKERRASSA
PYÖRIVIN
ONNISTUNUT
PUOLUSTAA
KORTTI
VÄKIVALTA

Puzzle 39

```
K  U  I  V  A  Z  K  N  L  L  W  N  P  P  S
P  J  B  Y  M  O  A  A  K  D  M  W  A  Ä  O
A  A  X  H  E  A  N  L  I  V  M  G  R  Ä  L
L  H  J  D  M  M  F  L  P  K  A  F  E  R  M
J  R  Z  E  L  I  S  E  P  M  E  P  M  Y  U
A  G  G  S  O  Ä  W  S  H  Q  T  N  M  N  J
S  F  E  S  K  Y  S  T  O  L  A  E  I  Ä  C
T  N  Y  Ä  O  T  S  A  H  A  R  S  N  K  P
A  A  N  I  O  Ö  K  K  R  F  G  I  P  I  E
V  V  O  V  T  Y  A  A  T  S  I  O  P  E  W
A  H  S  H  Z  H  F  T  W  F  M  K  J  R  X
T  A  C  U  S  I  N  I  N  E  N  L  X  G  A
K  V  P  X  M  H  B  Q  X  U  N  U  C  P  E
R  Y  A  J  W  L  R  M  Z  A  R  D  M  I  N
```

VAHVAN	SININEN
MAAN	KUIVA
HYÖTYÄ	SOLMU
ULKOISEN	HAJU
KATSELLA	PALJASTAVAT
KASVOT	PÄÄRYNÄ
PAREMMIN	RAHASTO
POISTAA	MIGRATE
YHDESSÄ	KOLME
KAIKEN	REIKÄ

Puzzle 40

```
P K P I Ä I S I E T N Ö Y M T
B R G E O K M J V Y S U G V A
N B O V S T E V R A S V A A R
S D S F R E X P Ä Ä N H P K V
B A A D E H Z G M K E O P K I
K L N Ö T S I R Ä P M Y A O T
P A U O H H S A M A I T P U A
I M T N S O L O U A I E R K A
S M E K R C K B R E V T P C N
T A N A C V L K S I S R A Z G
E S N L B M C U P U L L A A J
E T U O K U R J U U T T A N E
T A T M A H D O L L I S U U S
F R A G M E N T T I M Y V B A
```

MAHDOLLISUUS   PÄÄN
PAPPA   MYÖNTEISIÄ
KURJUUTTA   TARVITAAN
VIIME   RASVAA
HETKI   YMPÄRISTÖN
KASVOI   USEITA
PROFESSORI   ONKALO
TUNNETUN   KUOKKA
PISTEET   LAMMASTA
FRAGMENTTI   PULLAA

Puzzle 41

```
P U O L E S T A A N N F Y S Y
P U O L E L L A B I J S T K B
T I L A N N E J A T S Ä T E D
P Ä I V Ä N T V F G Y D U N D
P A L J O N K H H D T M L A N
R E W I K U U M E M E D E A E
H U U L I O I L J A N A V R N
K A A T U U L N T A E L A I I
V A S U M I P O S N M L T O L
Z E G D N I K O I T T E H Ä L
Z B R E M A C T B I M D G N U
L P N H U B I H R E D O N K P
U I D I O Q U O M D A T I I O
J U X P X T V J E E C X H E L
```

VAIN	PALJON
TODELLA	SOPIMUS
VERHOT	TULEVAT
MENETYS	KUUME
PUOLESTAAN	JOHTOON
SKENAARIO	TILANNE
PUOLELLA	KAATUU
HUULI	LOPULLINEN
PÄIVÄN	LÄHETTI
TÄYDELLINEN	MAANTIEDE

Puzzle 42

```
K H M R I Ä X E H M N T U G C
W A Z Q S Ä Y L I E K K R Y N
U A N B U T E K N Ä N N Ä S I
O U J A L T K I K U T E N S S
H T J A A I A T A L R O H U I
J O E S H L C Z Y G N Q Y N T
E J O Z N E P D R U F T M N R
L E U A R S U M L U A H Y U U
M N M B Q B C O M U J E I N U
A A Y G R J S U U T O T L T N
S Z G A A J A J O N K A L A A
H E R R A S M I E S P M Ä I V
O V E R T A I L L A P O X V Z
O I P E L I J O P A Q R W G T
```

VERTAILLA	SOLUN
HYMYILLÄ	KUTEN
TOTUUS	ISÄNNÄN
SITRUUNA	JONKA
NYRKKEILY	HERRASMIES
SELITTÄÄ	JOPA
OHJELMA	CUPCAKE
HALUSI	AUTOJEN
PELI	SUNNUNTAI
KANAA	SAMANLAINEN

Puzzle 43

```
H A S W Q L O H K O T C Y E J
Y U K R S Q V X F N Q V A P T
B T Y Ä S P Y K E I S H U Ä Y
H U O M E N N A L U E X Q V W
G A T H L I B F R T U S K A M
U J U Y A S I W B S M J H K J
Z O U T Q Y P M V I D O W A Q
Y U H E B Ä C A O O A T W A E
N S E T Y T E I T I N K B U V
Y H D I S T Ä Ä T M U U T L E
S A I R A S T A R O K T O O W
M E R E E N A V T U K S X A J
M X J H D V I T Y T I I T U G
I H A H E L I K O P T E R I C
```

TÄYSIN	HUUTO
SUOJAUTUA	JOTKUT
TUOMIOISTUIN	IKKUNA
OTTI	EPÄVAKAA
TYHMÄ	TIETYT
VAATIA	MAKSU
HELIKOPTERI	LOHKOT
SAIRAS	YHDISTÄÄ
MEREEN	HUOMENNA
KYPSÄ	JOTKA

Puzzle 44

```
P E P Ä T O I V O I N E N U R
I P M E N E I P B Q H J F R E
E K L Y D Y P U K U L A A Q S
N U J T R A U T O N G U Ä J U
I N A T S I L L O D H A M O R
L I K E U I T P F A F B L N S
L N I D F A Y Y L M G K Y N S
E G B Y A F L L K A R J K E I
C A Q Ö L D I E J S S L J K E
N T S L F N U P X U E L A I N
S A R W E A Y U Y P C N J N Y
E R G N V Ä E S T Ö S T Ä S H
G X S A H A N H I E M A N Z Y
J A L O I N O T I I L O I V A
```

PIENILLE   VÄESTÖSTÄ
RAUHALLINEN   AVIOLIITON
KUNINGATAR   RESURSSIEN
SAHAN   YRITYKSEN
JONNEKIN   SAMA
HUOLTAA   PIENEMPI
MAHDOLLISTA   EPÄTOIVOINEN
LÖYDETTY   LUKU
KYLMÄ   AUTON
HIEMAN   JALOIN

Puzzle 45

```
O  R  A  H  J  O  T  Z  N  S  Ä  M  E  N  I
B  N  T  M  W  E  W  W  N  N  F  C  H  Y  P
X  I  I  Z  S  W  W  A  I  E  A  V  A  I  N
C  N  E  I  B  O  I  T  O  N  H  I  K  X  Y
R  N  T  Z  Q  L  S  I  L  I  E  F  P  X  O
C  U  T  N  A  I  V  L  L  E  R  R  A  A  P
U  T  A  Ä  I  P  R  L  I  R  R  C  U  R  M
T  I  A  S  J  N  A  A  M  I  L  B  J  N  S
T  P  V  E  U  O  H  H  F  I  U  G  R  F  I
N  P  E  K  O  F  A  A  A  K  T  A  J  W  F
O  O  U  U  X  B  A  S  E  L  V  Ä  S  T  I
T  U  I  S  A  A  V  U  T  T  A  A  S  I  W
L  M  U  I  S  T  A  A  T  A  T  S  A  V  V
O  S  A  P  U  O  L  I  A  N  M  X  G  N  R
```

AVAIN	SELVÄSTI
MENI	KESÄN
VASTATA	OPPITUNNIN
SIISTINÄ	SAAVUTTAA
RAHAA	MUISTAA
OSAPUOLI	AARRE
KIIREINEN	UUTISET
JATKAA	TONTTU
LUUKUN	HALLITA
VAATTEITA	MILLOIN

Puzzle 46

```
L E H D E N A D O L P O R V O
V U O R E T K I U U O I D I O
L S U W C C S M G O M N X H L
T Y V S K I O Y T K I N M O O
D H N W V U K M X A S O K L I
A L L E T I V U K N T K W L Q
S B L I I I K T U P A A W I Y
M E P J V M V X G K U S K S P
T U E S S Z L P L A T E E E Q
A T A P E I S E Y T U C D N F
Z K Ä Ä N E E N D U A A E P U
H A A R U K K A G E O X S I Y
O S A L L I S T U A H R S T P
P F J P O R K K A N A N Ä K B
```

KOSKA
OSALLISTUA
VUORET
VIHOLLISEN
KATU
UPEAA
PUTKI
SIEPATA
OMISTAUTUA
LUOKAN

KASVI
PORKKANAN
KUVITELLA
LEHDEN
HEDELMIEN
HAARUKKA
TELEVISIO
ÄÄNEEN
INNOKAS
EDESSÄ

Puzzle 47

```
V H A M M A S K I R K O N R K
I Q V V A U X O I R R B Ä M O
I C R S V E O N W A E O S O H
S N O M C R T E O P M U S S T
A N K A A Q R N L W U S E Q E
S E E G E Q I I X K N S L I L
T X N N K M I M K Y H A E I I
A A P R I O S A Ä E R H I V A
K T Y Q O L J A Ä J Y Y M P S
A I C F B H L L T O I N E N M
F O G A A T N E S A M L H F H
B A U L U A L P D G E W X B Y
P I N A A T T I R O O D S Q H
T O I M E N P I D E T E W K A
```

KORVA   HAMMAS
KIRKON   VIHREÄ
PINAATTI   PELAAMINEN
KOHTELIAS   KANGAROO
HASSU   MYYJÄ
TOINEN   TODELLINEN
VIISASTA   TOIMENPIDE
OIKEA   LAHJAKKUUS
SIIRTO   MIELESSÄ
LAULUA   MASENTAA

Puzzle 48

```
L  Ä  Ä  K  Ä  R  I  A  K  O  E  T  T  U  H
A  T  I  A  P  N  A  A  V  O  K  S  L  T  Ä
A  L  I  A  E  E  M  T  K  U  U  S  I  T  M
M  S  U  E  S  S  V  S  Y  S  J  R  S  O  Ä
E  U  O  K  O  T  K  U  Ä  U  Ä  W  Z  D  H
S  E  R  B  S  T  E  R  G  T  R  G  U  I  Ä
A  K  J  Ä  D  E  E  E  N  S  V  O  E  S  K
W  I  A  Ä  Q  T  N  P  N  I  E  E  U  O  K
V  O  L  T  T  I  A  P  X  M  N  F  C  I  I
U  U  U  T  H  W  Y  A  L  L  E  V  L  A  T
F  T  P  Y  B  W  C  L  Y  A  U  Q  U  U  L
Q  E  Z  S  A  Q  X  A  V  V  V  I  M  X  Z
Y  N  Q  R  W  V  A  S  E  M  M  A  L  L  E
I  G  Y  Ä  K  A  S  T  E  Y  J  W  E  O  L
```

LÄÄKÄRI   ASEMAA
PERUSTAA   SIDOTTU
ALUKSEN   VASEMMALLE
ASTEEN   KASTE
TERÄS   KUUSI
TALVELLA   VALMISTUS
KOVA   HÄMÄHÄKKI
ETUOIKEUS   KOETTU
VOLTTIA   JÄRVEN
ÄRSYTTÄÄ   PAITA

Puzzle 49

```
S A H Q H N Ä Ä T T I R Ä Ä M
H W M F O T M R Ä Ä E K R Ä T
E R X Q A S U D H A S P I L T
I S S N A R O K T L U O D K G
J X M D K T Z R I T E D D Y K
A R L A H U Q I X B R T Y O S
S J C V U U T I H J O M K O T
T F O U N M O S O T K O C S R
A W G K P A Q I E C E W Z O A
A F Y O E A O L Q L B T V I T
J W U L T E L Y M W A N A T E
L Z T E U A N A K U M X T T G
R I I T T Ä V Ä N J Z P A A I
Ä Ä N T Ä M I N E N P V V A A
```

HEIJASTAA
TEDDY
STRATEGIA
MÄÄRITTÄÄ
LIPSAHDUS
TOTELLA
RIITTÄVÄN
TUUMAA
ORANSSI
ETANA

OSOITTAA
KOKOELMA
JOKEEN
UHKA
ELOKUVA
ÄÄNTÄMINEN
MUKANA
TÄHTI
KRIISI
TÄRKEÄÄ

Puzzle 50

```
S  Y  H  D  D  Ä  X  S  S  G  C  O  E  F  R
U  G  P  N  I  L  T  V  A  G  I  N  E  Y  S
U  U  F  K  L  Y  A  V  C  T  H  A  N  H  I
N  A  R  U  Q  K  R  N  A  A  K  S  O  K  C
N  A  T  A  S  Ä  X  A  N  N  E  L  I  Ö  N
I  T  O  A  R  S  S  N  U  C  I  D  R  T  N
T  I  R  F  J  I  Ä  E  J  Y  V  R  O  N  S
T  O  O  H  N  Ä  U  D  T  D  T  I  T  K  L
E  H  J  A  L  S  I  U  H  F  H  B  T  O  P
L  Z  G  E  D  R  M  U  Z  H  C  S  O  T  R
U  R  T  S  Ä  M  E  S  T  I  E  S  O  I  D
O  E  T  R  A  B  U  F  F  A  L  O  M  I  H
P  I  H  A  L  L  A  L  L  O  N  M  L  N  G
O  T  Y  Ö  N  T  E  K  I  J  Ä  U  M  C  O
```

BUFFALO	ORGANISAATIO
ÄLYKÄS	KOSKAAN
HOITAA	SATA
SEITSEMÄS	PIHALLA
MOOTTORI	TUMMAA
NOLLA	NELIÖN
HANHI	URAN
SUUNNITTELU	TYÖNTEKIJÄ
UUDEN	ETELÄÄN
KOTIIN	JUNA

Puzzle 51

```
T  J  Ä  Ä  P  U  I  K  K  O  J  A  Ä  P  C
N  E  N  I  A  S  A  T  D  C  X  Ä  O  A  N
B  N  K  L  A  P  S  E  N  U  T  U  L  A  H
K  I  B  I  P  Y  U  J  E  S  P  W  L  F  P
P  A  W  G  J  I  A  B  E  D  Y  C  E  K  A
S  P  H  Y  B  Ä  T  S  Ä  Ä  P  J  K  U  H
K  Ä  Y  T  E  T  T  Ä  V  I  S  S  Ä  L  O
H  U  O  M  A  U  T  U  S  P  U  L  M  T  I
T  X  E  P  A  L  B  L  X  E  M  A  E  A  L
V  E  S  Ä  U  Z  O  X  U  L  E  S  L  A  L
K  V  U  Ä  Q  G  A  T  I  K  K  I  U  V  A
U  H  M  L  S  I  I  L  I  K  O  C  C  Z  N
Z  Y  V  L  T  M  A  G  F  Ä  K  W  J  T  I
O  L  H  E  U  S  L  I  L  Ä  D  I  O  G  B
```

HUOMAUTUS	TEKIJÄ
MELU	TASAINEN
PAHOILLANI	LASI
HALUTUN	KULTAA
PÄÄLLE	JÄÄPUIKKOJA
KÄYTETTÄVISSÄ	KOKEMUS
PELKKÄÄ	PÄÄSTÄ
LAPSEN	SIILI
ESTÄÄ	MUSEO
KELLO	PAINE

Puzzle 52

```
B M R N I T K A P M O K H T K
W F I O P D S A C D I P C N O
R T U Z A S R R E M T K A E R
E K B K O R X U I D H R T N K
H X M D V F V A M U U K S I O
N A O D M J H N D E R O I M V
S U A K K A R U S E I U O Y A
M H J S S J N A M L I L T P N
A H F J T J H E D Ä K U I L K
D I V U N E N N E Ä R T S E I
R S U O J E L L A G Z U K F L
P Ä Ä S Y Y T T I I L S Y R A
K A N S A L A I N E N U X W A
K E S K U S T E L U N H Z M N
```

KORKO	VANKILAAN
HAASTE	ELÄÄ
KESKUSTELUN	KOMPAKTI
NAURAA	SEURAN
ELPYMINEN	YKSITOISTA
MUODOSSA	URAKKA
PÄÄSY	SUOJELLA
ILMAN	LIITTYY
KANSALAINEN	KIIRUHTI
KOULUTUS	ENNEN

Puzzle 53

```
V S A T S U O S I K K I F M S
U E N E Ä Y S M U N V X F G E
O F E S T Y K A R T T A T Z I
T I N K F L T Y K E F H S L T
T S I U B E P T F U Q E N G S
A K L M B T U L Ä M K G E H E
N E L I E T H U Y N D A E Z M
I E U K N E E O P G Y R T L Ä
R T R T H N L K L P U T H U N
E N U U C E I K Y K F U U J T
V A S T P M N A K Y V H S S N
D E M O K R A A T T I S T A S
H I L L E R I M I T Ä T Ö N N
M Ä Ä R I T E L L Ä B D T C I
```

VUOTTA
SEITSEMÄN
HILLERI
MENETTELY
TUTKIMUKSET
MITÄTÖN
KYLPY
SUOSIKKI
LUOKKA
ANTEEKSI

KUKAT
EILEN
MÄÄRITELLÄ
KARTTA
DEMOKRAATTISTA
SURULLINEN
TÄYTTÄNYT
PUHELIN
SUHTEEN
HERUKKA

Puzzle 54

```
G Y X O H I H W R L J A L Ö Ä
V R I T S A R T N O K O I V L
P I T O O N L R I K L T Z A Y
S A R A K E I L A A T R H L K
P Y D D M Q Z N U I V E R O K
M H U P I M R F E S W K F O Ä
Y K P K C E V K D A S D F L Ä
E V P Y T V I R H E Q A N N M
O D I S U T I L L A H M A N P
B T L K I L P I K O N N A N I
I A A T T O U T H I I L E N Ä
P P Ä I V Ä N K A K K A R A Y
V U O T U I N E N L F F E U D
J M U U D I S A S U K K A A T
```

PITOON	PALSTERNAKKA
VALO	HALLITUS
HALLUSSAAN	KEITTIÖ
VUOTUINEN	IHO
TUOTTAA	HIILEN
SARAKE	PÄIVÄNKAKKARA
KONTRASTI	ASIA
VIRHE	ÄLYKKÄÄMPIÄ
LIPPU	KERTOA
UUDISASUKKAAT	KILPIKONNA

Puzzle 55

```
X O K O R K E U S B W P G A Ä
M M P E K O K E I L U N U N R
L O V P R Y H M Ä F U F T N T
A I B T I N E N I V L I P A Y
S P E Z H A N U M U O O A T N
W E V S H L P U U T A R H A E
P O R H I U K O R J A T A X E
K A J C I A T N A J R E P Z N
G S L T I K N U P U A K A J Ä
P S H V I O N G E L M I A O I
O A W Q E D H Ä L U K H I U S
S M C P I L A Q H T H B G P I
I L M A E X L W U O K X B M Z
P I P M A L Q A R R N G Z R H
```

RYHMÄ   ANNAT
KAUPUNKI   LAMPI
PERJANTAI   KORKEUS
LIESI   KOKEILUN
KORJATA   ÄRTYNEENÄ
PUUTARHA   OPPIA
MUNA   SUIHKULÄHDE
ONGELMIA   PALVELLA
PILVINEN   ILMASSA
ROTU   KAULAN

Puzzle 56

```
T N A K T I I V I N E N M L K
E A E M A H R W S J K D Y N I
S P P L A N A L Y Y S I G K I
I P N A J A T I L A V Z H Q T
Ä U J V H Ä T Ä K Y L W Y Y O
L A N A B T N D Y J W L K H S
Ä K U J B Y U N I I I S V U J
T U S H R R B V E G I Y N O O
H L S A N O O Z A K K Y B L U
Y K R A P U G L K S S U X T K
B O D X T K H Ö S M S E V A K
X N Q U X P Y U K K U A L B U
R A P E R H E K E S K E I L E
L X C S I S Ä L T Ä V Ä T D Ä
```

KIITOS
TAPAHTUVASSA
NELJÄNNEKSELLÄ
LYKÄTÄ
RAPU
SANOO
HUOLTA
ANALYYSI
LAUKKU
AJAN

VALITA
HAME
YKSIKKÖ
YHTÄLÄISET
SISÄLTÄVÄT
JOUKKUE
KAUPPA
PERHEKESKEI-
ULKONA
AKTIIVINEN

Puzzle 57

```
J P R U A A E T I M O K C N A
Y Y N I I S I M I A N Ä S J L
N E T S I A K U A K Z Y I J A
H N E E T S A K I R W T S H M
P A T T O J T T D X G T K L M
L E A L K O I Ä J P V Ä A I E
U K R Y P H Q A Ä O P Y H N H
K S V H H E I T T Ä Ä T D T A
E U H A O S U I F H W Y E U L
M R Q V U N K X R O Q M K J P
I P K U Z V E H I B D I S A A
N P D K G C A N V B E S A I T
E T V N G I Y N I D U T N S Q
N P K A R I B U J E N Ä Z R L
```

ALAMME
LUKEMINEN
KAHDEKSAN
NAIMISIIN
PERHONEN
HALPA
KUVA
RIVI
VAUVAN
LINTUJA

KOMITEAA
HEITTÄÄ
ALKOI
RIISTÄÄ
RUSKEA
KÄYTTÄYTYMISTÄ
KAUKAISTEN
RIKASTEEN
JOTTA
KARIBUJEN

Puzzle 58

```
V M V J S I E P A G S F O Z Y
Ä A T S I L I H M I S I Ä T E
H T S U T S I D U U B H A T Ä
I E R O X O U J L J F A A Ä Y
T R L P N I U K K O J A T V T
E I K P O E F R O C K S T Ä T
N A A L N M O A L K E F U T I
R A H E L H I E G N E G U T I
X L V H E W Q S Ä B Z B K Y L
J I I T U G S Ä T F O K A Y T
A R A A H T Ä M Ä A R L V S Y
J D E D V A E E D P J T C S W
Y M P Ä R I S T Ö Ö N A B N Q
V Ä L I L L Ä Q Y T L A P S I
```

OMISTAJA	MATERIAALI
HELPPOUS	NIUKKOJA
HAARA	IHMISIÄ
TÄMÄ	VÄHITEN
KAHVIA	LAPSI
TEHO	VAKUUTTAA
ÄÄNESTÄÄ	UUDISTUS
YMPÄRISTÖÖN	SYYTTÄVÄT
LISTA	LIITTYÄ
VÄLILLÄ	ROCK

Puzzle 59

```
P  X  S  C  P  Z  M  X  O  A  B  Ä  N  A  T
Ö  W  I  S  I  O  V  U  R  Y  S  B  U  I  P
Y  C  V  E  E  K  K  O  I  K  U  Y  R  N  B
D  V  U  V  Z  Y  U  O  E  S  O  I  K  E  K
Ä  F  X  I  W  S  Y  T  X  J  T  A  K  E  A
N  M  L  K  X  R  T  H  O  Y  A  I  A  N  I
W  M  L  A  J  Ä  C  E  D  K  V  K  A  C  K
V  A  L  M  I  S  T  O  O  W  U  K  N  O  K
C  T  H  N  U  K  F  T  T  G  L  I  B  T  I
T  I  M  F  X  T  A  H  U  T  U  I  E  S  E
A  U  R  S  Q  E  U  I  K  Y  U  S  O  I  N
P  M  D  E  N  G  N  A  S  X  K  U  I  K  P
Z  L  Ä  Ä  T  T  I  V  E  L  X  M  E  K  R
S  A  A  V  U  T  T  I  N  G  X  D  L  O  S
```

ODOTUKSEN	OTSIKKO
SAAVUTTI	ÄSKETTÄIN
PÖYDÄN	VALMIS
VAIHTOEHTO	MUISTI
MUSIIKKIA	MUITA
KAIKKIEN	KUULUVAT
VIKA	LEVITTÄÄ
NURKKAAN	SIVU
SUORA	VOISI
TUHAT	AINEEN

Puzzle 60

```
A N Q W S T S W X P V K B A D
T Q I R U P P I P C A O A S W
Q X T V O V E M Z A R R N Y M
G M A T S I M A T S O K A E D
N T U T I H N A H F V E A V T
I R E E T S Y M K A A I N R N
Q N E E T N Ä L O I I N I E A
X D W Z U U U L E T S I A T I
H A R T I K K E L I I J I R K
X Ö V Ä Ä R Ä S S Ä A O P U T
Y F Y Y A P U L O G V K N N U
P J M R G S U J V F J N W R T
W D H F Y M Y U B Q A R U J X
I O O W E Ä T E K S T I Ä Z J
```

TERVEYS-   TAISTELU
OSTAMISTA   SUOSITTU
HANHI   PUU
PIPPURI   KORKEIN
TEKSTIÄ   VÄÄRÄSSÄ
MYSTEERI   VAROVAISIA
BANAANI   LUPA
LÄNTEEN   VOITA
ARTIKKELI   HÖYRYÄ
KUN   TUTKIA

Puzzle 61

```
K E D X G R V P Z A N S N H O
A T Ä Y N N Ä S U Z K I O E H
H V S Y Ö T Ä V Ä U F M S L U
T A J I A K U P A P T Y C P T
E D E M J F G A K K Y T H P V
N E A K M N U Z A E K G U O I
A L L M L P N A L R S L A U R
L M C B P U P F A T I U M F A
V A Y I R E S M S O N U S Z L
M V A R B C O L T J Ä R E E L
R S U A R Z K U U A I A T N I
N O M T B F L K S N N N E H S
C D K I M R O S D S E K L Q T
H O I R U U J G U O N O Ä A A
```

SULKEA
OHUT
TÄYNNÄ
VADELMA
SYÖTÄVÄ
PAPUKAIJA
YKSINÄINEN
KERTOJAN
KAHTENA
ERI

VIRALLISTA
RITARI
SAIPPUA
ETELÄ
HELPPO
JUURI
SORMI
KALASTUS
PUUTTUU
LUURANKO

Puzzle 62

```
O  P  E  I  O  Ä  I  M  I  Ä  L  E  J  J  A
W  T  P  X  R  K  U  N  N  I  A  L  L  A  N
V  D  E  Y  L  E  V  Ä  K  P  H  M  N  H  S
A  F  Ä  T  Y  M  M  Ä  R  T  Ä  Ä  W  T  I
L  K  F  I  T  E  L  Ä  M  Ä  S  S  Ä  N  O
I  C  L  R  N  U  M  S  R  X  L  D  E  E  S
N  C  N  E  N  I  A  K  I  L  Q  E  H  S  T
T  U  U  V  O  E  E  M  I  J  S  U  E  A  A
A  M  I  A  L  L  A  K  K  I  K  F  T  T  A
R  B  N  K  K  L  R  C  O  S  P  T  K  U  K
S  S  I  P  U  L  I  J  B  T  S  Q  E  A  S
T  O  I  S  T  A  H  W  L  I  Y  T  L  L  U
P  I  E  N  I  O  M  G  J  E  U  T  L  H  A
J  U  W  N  P  Y  T  U  A  V  D  B  Ä  N  H
```

TOISTA   PIENI
KUNNIALLA   KAVERIT
KÄYRÄ   ELÄIMIÄ
LIKAINEN   VALINTA
VEITSI   ALLA
YMMÄRTÄÄ   POHJOISEEN
KÄVELY   ELÄMÄSSÄ
SIPULI   HAUSKAA
LAUTASEN   OTETTU
ANSIOSTA   HETKELLÄ

Puzzle 63

```
M M K U N I N G A S A E B A S
U Q U S U B C O M P A C T P I
U E A K R N X L I Y A P E A H
T L U S A S U T I O J R I K W
A A P K T V P O T B O S L K Ä
M T R U L N U S Q W V O E I Y
A U F M O X I U T O U F K A T
N I Y I M R R U T C E P N V Y
M H I N A S N E J T N A E P Ä
D I L M F U F K U F A J L W T
E M O M H U P Y G J N U S J T
S U U U K U V I O T A N C B Y
T L P Y H T E I S T Y Ö S S Ä
U R H E I L U Y L L Ä T Y S K
```

TUOMARISTO
KÄYTTÄYTYÄ
YLLÄTYS
ENKELI
PUOLI
COWBOY
KUNINGAS
VAIKKAPA
PAJU
URHEILU

SUBCOMPACT
NEUVOJA
MUUTAMAN
PUHUNUT
KUMIN
MUKAVUUTTA
YHTEISTYÖSSÄ
LUMIHIUTALE
KIRJOITUSASU
KUVIOTA

Puzzle 64

```
V K M W O A N H O N L T P A E
A A U K K I P B E F Ö D I T D
U N R L C C T A W T Y C D B E
L O N O J T U R H A T V E N L
E I Ä N I E N R E H Ö S M L L
T N K U W T T E Q H T E M T I
S Y Y L N I U T D R Y I Ä I S
U E V I R C L S A P K M L E E
K V Ä A O S P U I J F E L T N
S T P P K A R J A A A D E O Ä
E U J L K F T Ä T I R E I J J
K K V I T M T U N T U I C E L
J W L K A N S A I T A T H N D
K R I T I I K K I Ä R C L U X
```

ANSAITA	TURHA
KUPARI	PIDEMMÄLLE
KESKUSTELUA	LÖYTÖ
TÄTI	PIKKU
HERNE	NOIN
TIEDEMIES	NÄKYVÄ
KARJAA	TIETOJEN
TUNTUI	KRITIIKKIÄ
KILPAILUN	EDELLISENÄ
KULJETTAJA	VAROITUS

Puzzle 65

```
H  O  R  R  R  A  P  O  R  T  T  I  R  I  X
H  E  H  K  U  Y  H  D  E  K  S  Ä  N  H  P
Y  M  M  Ä  R  R  E  T  Ä  Ä  N  F  Z  A  Z
Y  L  E  E  N  S  Ä  Z  Y  M  K  M  O  N  U
S  K  A  U  N  I  I  M  P  I  E  C  X  A  K
K  U  V  C  P  R  E  S  I  D  E  N  T  T  I
R  I  O  S  E  U  R  A  A  V  A  A  N  C  T
U  E  V  L  J  Ä  N  N  I  T  Y  S  T  Ä  Z
O  S  C  I  A  K  U  U  L  U  I  S  A  N  O
K  O  N  Y  H  A  V  A  A  L  E  I  S  S  A
I  T  A  R  K  K  A  A  V  A  I  N  E  N  S
A  S  O  T  I  L  A  A  L  L  I  S  I  I  N
M  A  T  K  I  A  W  E  D  E  L  L  E  E  N
T  A  R  K  I  S  T  A  A  G  C  Y  Z  H  H
```

PRESIDENTTI	RUOKIA
HEHKU	EDELLEEN
TARKISTAA	VAALEISSA
KIVI	MATKIA
SOTILAALLISIIN	KUULUISAN
JÄNNITYSTÄ	KAUNIIMPI
IHANA	YHDEKSÄN
YMMÄRRETÄÄN	TARKKAAVAINEN
SEURAAVAAN	RAPORTTI
YLEENSÄ	SUOLAA

Puzzle 66

```
P S E H D O T A L A J F N I M
Y E O D Q Z E S A O T E I T N
A Z L P X S L B I T T E K A R
J O T K I Z X Y U N U Z A U M
O T A O Ä V L Ä H E T Y S N A
N A U K D Ä A S K N O G S E I
E R T T H F V N L I H U O N S
U K I N E Q M Ä T E H U K V S
V K C N T N O K T T U Y T C I
O A Ä T E V I I K A M N A M D
H S S I M F A G U S B G J T K
P U O L U S T U S F Y H F F K
C Y T U D V K V Ä H Ä I N E N
H F E H A R R A S T U S P I F
```

HARRASTUS
EHDOT
MAISSI
TEHDÄ
LÄHETYS-
AJONEUVO
TARKKA
JALAT
VÄHÄINEN
TAUTI

KIIVETÄ
TIETOA
JATKOSSAKIN
RAKETTI
SOPIVAN
PELKÄÄVÄT
UNEN
FIKTIO
PUOLUSTUS
SATEINEN

Puzzle 67

```
H  K  Y  C  Z  J  X  I  T  E  V  Y  M  F  V
I  C  Ö  Y  T  E  T  Y  Ä  N  N  I  P  O  I
E  V  A  H  E  S  I  T  K  E  B  V  Q  L  E
K  H  A  O  Ä  S  O  T  I  N  D  J  C  O  S
K  Y  D  L  Ä  W  H  I  V  I  X  D  F  U  T
A  I  L  O  T  Y  C  I  L  E  C  P  Z  N  I
A  E  N  O  T  A  K  N  A  L  P  J  Z  A  N
H  A  B  S  Y  K  L  C  Z  Y  A  Ö  T  S  U
E  U  H  O  Ä  T  N  R  K  R  I  B  L  U  V
A  V  V  Z  N  A  J  J  E  V  T  O  Z  L  D
K  A  A  L  I  M  E  E  Y  A  S  R  M  Y  Ö
J  S  O  S  B  F  N  E  I  C  E  D  X  Z  Y
J  B  D  N  J  A  S  S  A  N  U  E  R  P  O
J  U  L  K  A  I  S  U  X  E  G  R  L  H  P
```

VETI	HELLÄSTI
OPINNÄYTETYÖ	REUNASSA
HIEKKAA	LANKA
NÄYTTÄÄ	YLEINEN
AREENA	SOOLO
JULKAISU	PÖLLÖ
KAALI	LOUNAS
VIESTIN	BORDER
SAVUA	MATKA
ITSE	NIITTY

Puzzle 68

```
A D L T Q O N T E Z F N A T S
L O M U I A B D D A I T R E U
K P A M O A Z J O A R A K B H
A Y A U T T E K T T V I T S D
A Y N S Y T E O N N A T I A E
H T A T H I J T Y A A E N D J
U Ä N A I R N S T R D E E H H
X Ä T F Z O A E V A Z N N U W
L T A V H U A Q S P V A I P Q
M P I X E S V W P T Z A V F I
L Ä H T E E I V C H E F Y U E
Q S U U S I A N I M O E H K L
W E T F X F T D J S G I N Z R
M O N I M U T K A I N E N X H
```

TAIVAAN
MAANANTAI
HYVIN
ARKTINEN
SUHDE
SUORITTAA
PARANTAA
PYYTÄÄ
TAITEEN
KETTU

MONIMUTKAINEN
PUHDAS
ALKAA
LUOTETTAVA
LÄHTEE
JOTAIN
AITA
NESTEEN
MUSTA
OMINAISUUS

Puzzle 69

```
K A U S I T K B T D N L I A N
H A R V I O I A P X Ä J G D S
W Ä I V T N J K X E Ä E P L V
H O L I R A A B W K N Q Ö H P
I R O Y R K Z H I T Ä G L H D
U V U N T H C U T C T R Y K G
K U T N K Y S I V U U T T A A
K O A X G H S V E R B I U M Q
A M J K O L M A N N E N I Ä N
N F O K K U K N Q M E T W F Y
E C N I R E T T O O K S U M P
N E N I Ä S I S R Y A C U K I
L O U K A T A O K K I M R U N
E D M I N U U T T I A P P C W
```

NOJATUOLI	PÖLY
MINUUTTIA	BAARI
RAJAT	HÄLYTYS
SISÄINEN	KUKKO
TÄNÄÄN	SIVUUTTAA
AGENTTI	SKOOTTERIN
NÄIN	KOLMANNEN
ARVIOI	KAUSI
VERBI	NURMIKKOA
HIUKKANEN	LOUKATA

Puzzle 70

```
T  H  Ä  Ä  T  M  I  Q  Z  M  S  K  C  A  T
J  Ä  L  K  E  I  S  E  N  A  O  E  T  L  A
A  I  N  E  S  O  S  A  K  B  Ä  S  I  L  R
T  Ä  H  D  E  T  U  O  Y  F  I  A  V  I  K
V  W  J  F  M  A  D  T  Y  A  T  K  L  V  A
O  L  I  S  I  H  P  B  T  X  H  I  I  U  S
O  K  J  H  E  S  S  R  Z  T  E  R  P  U  T
I  L  W  G  F  T  E  K  M  V  L  K  L  P  U
G  H  U  V  L  K  E  I  K  Ä  U  B  H  O  S
P  Y  O  T  N  P  I  D  Ä  T  Y  K  S  E  N
Z  O  V  I  T  S  A  M  R  A  V  X  G  S  O
C  C  S  J  W  A  F  K  E  H  T  O  I  M  B
Z  K  P  E  R  H  E  I  L  L  E  P  C  Y  T
Y  Q  E  H  D  O  T  O  N  Q  I  R  H  F  M
```

YKSINKERTAISTA	PUUVILLA
OLUTTA	ISÄ
LEHTIÄ	PILVI
TÄHDET	HÄÄT
EHDOKAS	JÄLKEISEN
AINESOSA	VARMASTI
EHDOTON	RIKAS
PERHEILLE	PIDÄTYKSEN
KEHTO	OLISI
EIKÄ	TARKASTUS

Puzzle 71

```
Q L A R V E S I S A R E N S A
P U I E D A L I K C X F V W L
O O K N K I I Ä R E P A A M Ä
P N U T E S T K M P H D E Q H
I T I O H I S E E Ä R R K H E
S E S U I L E R N I Ä Q U Z T
K E E T T L S I O K D N T A T
E L N U T A I T K K S E S P Ä
L T S A Ä K L T O Ä J J N Ä M
I A I S Ä I L Ä T T J N I F Ä
J A R T U A A I N H V K C C L
A N U F X P R N E Y K C U Q L
N A A P U R I R L Ä L X H E Ä
U Y N C G I V G H T E O R I A
```

NAURIS
PAIKALLISIA
LÄHETTÄMÄLLÄ
NAAPURI
KEHITTÄÄ
TEORIA
RENTOUTUA
TUKEA
VIRALLISESTI
MAAPERÄ

VAIKEIDEN
SISARENSA
LENTOKONE
AIKUISEN
OPISKELIJA
YHTÄKKIÄ
ELÄMÄÄNSÄ
HÄKKI
LUONTEELTAAN
ERITTÄIN

Puzzle 72

```
R  T  I  D  S  I  L  M  Ä  T  S  B  I  X  O
E  Ä  A  G  R  W  I  A  E  U  P  Y  Ö  R  Ä
T  V  A  P  W  B  S  I  U  N  R  K  T  I  E
K  Ä  L  U  A  P  T  S  J  E  C  O  U  H  P
I  T  K  X  S  N  I  I  Ä  N  Y  H  N  Y  I
K  T  U  O  R  A  A  A  X  I  T  T  A  L  K
U  I  S  K  J  J  P  L  D  Y  T  A  T  Ä  P
N  R  H  L  Z  C  N  I  J  L  S  I  S  T  E
T  Y  I  E  E  A  J  R  L  Ö  Z  S  I  T  N
A  H  J  M  L  G  N  E  H  P  W  A  V  Y  S
V  I  I  K  O  N  L  O  P  P  U  N  A  H  S
O  D  L  S  A  I  R  A  A  L  A  N  R  S  E
P  I  T  K  I  N  J  Y  Y  F  V  Q  F  I  L
Y  U  G  G  P  I  V  E  W  Q  Y  I  P  Q  I
```

PITKIN	SUKLAA
SILMÄT	TAPANA
SAIRAALAN	HILJAISUUS
KIPEÄ	KOHTA
ÄITI	YRITTÄVÄT
PENSSELI	RETKIKUNTA
RAVISTANUT	ERILAISIA
PÖLYINEN	PAITSI
MELKO	PYÖRÄ
HYLÄTTY	VIIKONLOPPUNA

Puzzle 73

```
A  P  A  X  S  A  T  U  T  T  A  A  H  T  T
U  F  J  O  X  K  E  Q  W  S  E  U  E  J  I
T  L  A  W  B  J  E  M  B  A  O  S  Ä  A  E
T  A  T  T  K  Ä  A  O  U  S  F  R  Z  L  S
A  I  E  Ä  Ä  V  Q  T  O  J  B  R  K  I
A  T  L  L  O  T  I  A  T  E  T  S  F  U  F
R  T  L  L  N  H  L  A  S  K  I  O  M  U  R
W  A  A  E  Ä  Ä  T  T  I  M  I  N  I  N  M
O  A  V  T  D  J  Ä  A  Q  A  J  X  S  I  W
Z  L  V  I  Y  Ä  M  K  K  B  T  P  S  N  J
O  A  A  S  S  R  V  L  N  J  S  Z  Ä  N  Q
W  S  W  Ä  I  T  T  I  O  V  O  B  D  E  T
E  W  E  K  M  E  A  P  U  I  N  T  I  P  N
Z  B  S  B  D  R  S  A  J  N  P  U  W  E  S
```

PILKATA	MISSÄ
NIMITTÄÄ	SATUTTAA
UINTI	SALAATTIA
SYDÄN	LASKI
AJATELLA	ALKUUN
VOITTI	AUTTAA
TAITO	MUOTO
RÄJÄHTÄÄ	TIESI
JÄRJESTÄÄ	RAVISTAA
PENNIN	KÄSITELLÄ

Puzzle 74

```
L  A  I  T  T  A  A  E  N  K  A  S  V  A  A
V  V  U  Q  N  H  D  E  T  M  Z  M  O  S  A
E  L  W  L  P  O  T  F  A  F  P  S  W  M  T
R  R  A  I  S  I  U  K  U  L  T  U  L  T  N
H  I  L  A  A  K  A  S  R  A  P  T  M  M  U
O  P  F  H  V  I  A  L  X  D  W  E  U  C  L
N  K  R  V  I  L  M  A  A  U  K  K  U  A  H
M  A  D  J  A  X  C  I  E  K  Z  S  Y  P  R
P  R  S  A  T  L  E  L  O  U  P  O  K  L  U
E  A  P  Y  Y  K  K  I  Ä  P  H  K  D  U  R
D  S  A  F  U  K  R  I  I  T  T  I  N  E  N
V  A  L  O  K  U  V  A  N  V  N  O  M  O  O
H  V  E  L  Ä  I  N  T  E  N  Z  R  N  D  J
P  E  K  E  L  T  A  I  N  E  N  D  S  D  T
```

HAUKKUA
PARSAKAALI
VALOKUVAN
PARHAITEN
KASVAA
VERHON
VASARA
PYYKKIÄ
TAIVAS
KOSKETUS

LUKUISIA
MEKKO
POIMIA
KELTAINEN
ULKOPUOLELTA
KRIITTINEN
OSA
LUNTA
LAITTAA
ELÄINTEN

Puzzle 75

```
K Y K E N E E H U A J F R I R
A N E I S N Y K A I I Q Y S A
W E B A L G O T L N I E I D T
I S U B T O O S L U C Z O D K
T I L A A U O F E M K K H V A
H T K A V W I R T F K T Ä A I
E T O T I Z M T S E S A N U S
L A K S L L B L I F S V T N E
A A O A O L H K U S A A Ä U M
M M U S R Q Ä O L T K O C N A
O O S T I Ä I Ö S V U J Y M A
N T D A J G O P C Q L R I T N
A U T R K H I Ö U M X A Z P S
S A N I S K E S K U S T E L U
```

TILAA
VUOTAA
VAUNUN
SANOMALEHTI
KYKENEE
AUTOMAATTISEN
JAUHE
OLIVAT
ROOLI
RATSASTAA

LUISTELLA
TARJOAVAT
JÄÄKIEKKO
KOKOUS
RATKAISEMAAN
HÄNTÄ
MUNIA
KYNSIEN
SÖPÖ
KESKUSTELU

Puzzle 76

```
K I H Y B P O J N I O V R A H
I R W F Z X A E C M H A E I E
L S W O P G S N W I K K R E M
O U Y Ä J I D C H E H J E K K
A N A Ä Y R B F N W J O K O O
U A B T S E S T D T A V L U R
Y I I T A V A K U M U W V L I
Y R S Y K A H V A S U R R U P
E E K D S K N T T L U H T T A
D T I H A J A A L R P O R U L
X A M I R M F Y M U E L H K L
O S O I T T A U T U U U O S O
O K C V S A R J A M I O V E U
V A I M O C X E I K M K K N I
```

KAVERI
KILOA
OSOITTAUTUU
MERKKI
KORIPALLO
MIKSI
VIIHDYTTÄÄ
SARJA
KOULUTUKSEN
KAHVA

LAAJA
VAIMO
RASKAS
ERITYISEN
ATERIAN
HOUSUT
HARVOIN
MUKAVA
VOIMA
RAKENTAA

Puzzle 77

```
E  T  M  I  L  J  O  O  N  A  A  A  K  M  N
R  Ö  Z  K  H  C  G  K  Y  I  J  C  E  P  A
I  R  A  B  Z  S  U  K  O  I  I  Y  S  O  U
T  M  D  T  H  Q  S  L  T  V  T  N  K  L  R
Y  Ä  X  L  J  R  V  N  E  N  A  D  U  K  O
I  Ä  L  L  Y  K  U  P  H  Ö  M  A  S  U  I
S  V  O  M  G  T  T  U  O  T  T  O  T  K  Z
E  Ä  Z  V  N  R  R  C  H  Ä  V  M  E  A  U
S  T  J  A  O  F  P  Y  Y  M  E  J  L  A  H
T  F  I  G  Y  V  G  A  V  Y  T  F  L  S  U
I  S  U  A  K  U  A  L  Ä  K  Ä  Z  A  U  U
A  T  I  I  S  T  A  I  T  Ä  Ä  Z  C  Z  T
X  H  A  T  S  I  A  M  O  N  E  M  I  N  A
O  I  K  E  A  S  T  A  A  N  B  F  N  S  A
```

KOVAA
LAUKAUS
HUUTAA
KESKUSTELLA
NAUROI
TÖRMÄÄVÄT
MYRSKY
OIKEASTAAN
HYVÄT
KAASU

NÄKYMÄTÖN
MILJOONAA
POLKU
ASIANTUNTIJA
KYLLÄ
VETÄÄ
TUOTTO
NIMENOMAISTA
TIISTAI
ERITYISESTI

Puzzle 78

```
A M L E N U I P K L J O C Y G
U Y Ä W H L U E E V K M D N X
W Z G Ä F R A U I Ä H A N I A
P Y M S R A W X T J O I I Y J
A P J A O Ä U I Ä I T S R H T
L N Z P K Ä Ä V R L E U Ä T U
K E P N U T H M D E L U Ä E L
I U U O L N A Z Ä J L T M I P
N T F P U Ö L E Z L I T I S P
N O Q E M Y L G Q I L A K Ö A
O V Q A I T I P L V Y E S T A
N U Q S S N N J Ä L K E E N N
M W K T T B T J L I Ä M K N I
C Q V I A P O M E N N E K A R
```

UPPOAA	NOPEASTI
PALKINNON	YHTEISÖ
PURRA	HALLINTO
KEITÄ	AINA
MÄÄRÄÄMÄLLE	VILJELIJÄ
NÄKY	TULPPAANI
UNELMA	KESKIMÄÄRIN
HOTELLI	RAKENNE
TYÖNTÄÄ	KULUMISTA
OMAISUUTTA	JÄLKEEN

Puzzle 79

```
P X O M C B A I V C D J X W E
N E E T U U V A L I T Y Y L O
O F L I Y W U F C I D X L S K
T N A K R I V Y D A D E U V I
T E I S U O J R A T S D F T L
A S D Q U R T R K I S Y Y P M
A I X I K I I X L U U K L Y R
C K S R S Q B L Q P V G I E I
K L C O F T A J E V S A K S H
Y U I U A L Y P T S E T R F F
L J J V L S E S Y T S E N E M
Ä Z G I D H M Ä T T E J R I K
N E S I A K O J E Ä T S E P L
V A L K O V U O K K O R C R H
```

MENESTYS   KOE
KIRJETTÄ   KUU
PUITA   OTTAA
PYYSI   VUORI
TILAVUUTEEN   JULKISEN
VIRKA   EDISTYSTÄ
KASVEJA   VALKOVUOKKO
PELKURI   TARJOUS
JOKAISEN   ILLALLISELLE
KYLÄN   PESTÄ

Puzzle 80

```
C M W W J M P X R O V L N S G
R U Q P O Y A O U O I Ö Ä O L
O I M L O K N K T X R Y K T L
C S X N J V A K S I Q D Y I E
U T O C W R T U C A L Ä M L B
S U V E L I L A W X M A Ä A E
K T B V W O I S X R B A A S U
U T E T E E N P Ä I N P T N L
V A K O J I T A U K O H O T B
A A V A R I S N J P K H M E A
V E T Ä Y T Y Ä M F D K O Y K
S J A N F I N A J I E M R A G
A Z L Z J P U S N J X X G I J
L U U L T A V A S T I P Z A G
```

SOTILAS
BLUEBELL
VELI
ILTANA
CROCUSKUVA
VETÄYTYÄ
ETEENPÄIN
POTILAAN
MAKSAMATTA
TAUKO

ARMEIJAN
LÖYDÄ
VARIS
NÄKYMÄ
MUISTUTTAA
KOLMIO
UNOHDIN
SAUKKO
JOKA
LUULTAVASTI

Puzzle 81

```
T Y Y P I L L I N E N E D R K
M G N X M V I D G G V U I E A
E Q U L E T S I U L O I I O S
N J K K S K U A W V P Q G L T
E O G I T E T R I P H V N N A
T Q I V U N X F U N A A Q T N
T S N L N K Q M Q Z V D I K J
Ä B E D F Ä A F E G A O A L A
Ä W V Q A T G X N N I U D A T
D L L W O H S I C A T T A R K
V U O N N A T T E V A N A S P
N F P G K A N S A L L I S E N
N O K K I A L I S Ä K S I K D
L A M P A I T A S S U P O L K
```

LAMPAITA	KAADA
POLVEN	VUONNA
LUISTELU	TYYPILLINEN
SAADA	NAVETTA
LOPUSSA	HAVAITA
NOKKIA	TUODA
RIIPPUMATON	SIISTI
KASTANJAT	LISÄKSI
KANSALLISEN	MENETTÄÄ
KENKÄ	SHOW

Puzzle 82

```
J  V  I  H  A  N  N  E  S  T  E  N  A  I  X
K  O  A  N  I  R  E  T  T  A  E  T  R  Y  R
Ä  O  U  W  O  I  T  K  U  R  T  S  N  O  K
Ä  I  T  K  S  W  C  C  Ä  W  Q  I  C  J  L
R  A  S  W  K  U  J  N  K  Q  L  R  T  O  O
I  I  I  J  E  O  I  E  H  A  G  Y  R  M  P
Z  T  W  A  I  S  I  P  P  O  O  R  T  Z  E
P  T  D  S  K  Ö  S  A  T  E  I  D  E  N  T
A  U  D  E  A  T  L  U  P  O  L  Y  H  E  T
L  A  D  B  A  Ä  P  I  E  L  I  O  V  E  A
V  N  E  N  I  Ä  T  S  Ä  Ä  P  R  G  C  A
I  N  G  Q  S  P  L  U  P  A  U  K  S  E  N
I  D  E  N  T  I  T  E  E  T  I  N  L  A  E
D  E  R  I  M  S  Y  R  J  Ä  Y  T  T  Ä  Ä
```

JOUKKO
LOPULTA
INDEKSIN
TROOPPISIA
VOILEIPÄ
IDENTITEETIN
VIHANNESTEN
KONSTRUKTIO
PÄÄSTÄINEN
HEI

LUPAUKSEN
LOPETTAA
NAUTTIA
ISTUA
ERÄN
SATEIDEN
KÄÄRI
PÄÄTÖS
TEATTERIN
SYRJÄYTTÄÄ

Puzzle 83

```
S D I T T Y L L E I M I N N N
Ä W D V A E O P E F G R E U Y
Ä K I R Y Y P M A V T N N U K
S L A W B S P A S S I K I S Y
T G F Y F I U W T A R W Ä E I
Ö U F T S X U M L V M O V D N
Ä W T E F L N N I B Y R Y U E
I P P A A K Ä Ä J K O S T S N
A G S A Y Ä L T Q H T D Y T I
R S R F R E Y Z K Z K U Y A S
V E E E O N N E K A S J T V K
O K L M J V A K T O K X F A Y
A P G K A I K K I A L L A T R
P O R T A I D E N H I R V I Ö
```

SUUN	ARVOA
KOTKA	HIRVIÖ
JÄÄKAAPPI	TYYTYVÄINEN
NYKYINEN	SÄÄSTÖÄ
EDUSTAVAT	TUTKIMUS
MIELLYTTI	KAIKKIALLA
ROHKEA	VAMPYYRI
KISSA	ONNEKAS
ERÄÄNLAINEN	LOPPUUN
YKSIN	PORTAIDEN

Puzzle 84

```
M N Q O S L X J S Z N C E J N
Y T F U A S O S U A I D I A K
M T A V A A T H O K M C K T A
Z A J O J H A L I C I T S U R
U A K F R I B L S K A D V U H
L T L E F F E Ö P M Ä L N L U
I S E Z I U O W R R A Ä A I N
I O N P I S A G N E R O R W H
K N T B T K I E T T Ä K J M F
K N Ä S U A P A V N P Q E P E
E I V M I P K Y S Y N T Ä U D
E N Ä Ä N I E S X G U P J O U
N O T F V M H R K Z U B D L R
V A V A T T E N N A K A Z S H
```

PAKSU
LIIKKEEN
INNOSTAA
LÄMPÖ
KANNETTAVA
LOHIKÄÄRME
SEINÄÄN
KARHUN
KUUN
LAHJOJA

RENGAS
KYSYNTÄ
KOHTAAVAT
NIMI
TUULI
ETTÄ
MATKAN
MAKEISIA
VAPAUS
LENTÄVÄT

Puzzle 85

```
K O R K E I M M A N T L A O J
H N U L K O N Ä K Ö A Ä N N Ä
N A A T N I P I H C I H F N T
L A I R E E S P U N T E W E T
K T J T R U K M X A E T L L E
P H Ä W A K X E O N I T Ä L I
Z O Ä T F K A H O N L Ä M I D
Y K T O L M N N U I I Ä M S E
X I E M R I I A S M J C I I N
M F I V J A R V G I A W N N S
X V T E Ä Z U J D O N K O I C
Z J M R Q T M L G T I Q O M J
H Y Ö D Y L L I S T Ä Y V Q K
O J S B Q K E T J U N L B W J
```

KORKEIMMAN
LÄHETTÄÄ
ULKONÄKÖ
UPSEERI
TOIMINNAN
LÄMMIN
TIETÄÄ
KANSI
KEVÄT
KETJUN

KOI
MURINA
KOHTAAN
TAITEILIJAN
PINTAAN
ONNELLISIN
MITTAUS
HYÖDYLLISTÄ
JÄTTEIDEN
VANHEMPI

Puzzle 86

```
S U A K K A R B A U Z I N K T
L U P Z D U X N A U H A N I Ä
Ä P I N U P K Ä T N F K Ä R Y
H P M H M M Ä Ä T E J K Ä J T
E M U Q K A Ä V U T H E M O T
S E H T X U R Y U T L I L I Ö
A T O J C O M S T O B M I T H
T D A K B Y E N L G O J S T H
T A V A R A A A A A D K Z H A W
Y P T S B G L Z V J W Q U A T
N E N I M Y T Y Ä T T Y Ä K Y
L Y L B K R A K A S T A V A T
X V E J U K S A M M A K K O T
V K O V O C U X Z T U A A H Ö
```

TIKKU	VALTUUTTAA
TÄYTTÖ	TEMPPU
KÄÄRME	TYTTÖ
SILMÄÄN	NAUHAN
AMPUA	KIRJOITTAA
LÄHES	SUIHKU
RAKASTAVA	KÄYTTÄYTYMINEN
TAVARAA	NETTO
SYVÄÄN	MIEKKA
RAKKAUS	SAMMAKKO

Puzzle 87

```
K  V  A  I  K  U  T  T  A  A  D  N  V  F  T
T  A  T  S  U  S  K  U  L  S  H  A  Y  Ä  A
E  I  L  K  A  A  P  A  T  A  C  T  V  N  R
G  R  I  L  F  K  R  F  N  H  A  E  L  E  A
K  M  I  E  I  K  K  N  A  P  T  J  C  N  K
G  T  U  I  Q  S  I  E  X  H  T  H  G  I  K
M  R  U  C  S  J  L  D  Ä  G  A  U  C  L  A
N  G  M  I  R  I  L  L  A  H  Z  P  V  L  M
N  E  N  I  Ö  K  Ä  N  F  A  F  Z  Z  E  P
Y  K  S  I  N  K  E  R  T  A  I  N  E  N  A
A  U  K  H  A  L  L  I  T  S  I  J  A  N  L
L  U  O  N  N  O  L  L  I  N  E  N  D  O  O
A  G  C  K  E  S  K  I  A  R  V  O  K  D  J
T  L  A  I  N  E  N  I  E  T  N  I  R  E  P
```

HALLITSIJA	KALLIS
YKSINKERTAINEN	LAIN
NÄKÖINEN	LÄHTEVÄT
VAIKUTTAA	LUKSUSTA
ATTACH	MAKKARAT
HALLI	PUHJETA
PERINTEINEN	KESKIARVO
RIISIÄ	LUONNOLLINEN
PALO	KAAPATA
PANKKI	ONNELLINEN

Puzzle 88

```
H  T  S  O  V  E  L  L  E  T  A  A  N  L  L
U  E  K  O  K  O  O  N  P  A  N  O  H  R  E
K  S  R  T  E  D  U  U  S  I  A  L  A  S  V
E  I  P  K  T  U  L  I  X  Z  Q  V  H  M  E
R  T  W  Q  K  I  M  N  A  T  I  F  U  H  Y
I  T  T  U  O  Ä  Ä  F  N  N  O  M  T  M  S
S  N  A  A  A  M  L  E  T  I  N  N  U  U  S
T  E  A  A  M  K  R  O  I  V  S  Y  K  E  L
E  D  S  E  W  T  L  N  I  S  S  N  A  T  S
T  I  N  K  W  A  N  A  K  K  I  S  R  E  P
T  E  U  R  A  G  N  T  K  V  N  E  K  E  W
Y  H  R  O  R  U  D  Y  I  Q  F  E  N  V  X
M  A  R  K  K  I  N  O  I  L  L  E  I  N  X
O  N  N  E  K  S  I  P  A  I  N  A  V  A  T
```

HERKKÄ	ERISTETTY
SYKE	IDENTTISET
SOVELLETAAN	KORKEA
ENEMMÄN	TANSSIN
RUNSAAT	KOKOONPANO
RAVINTOLA	MARKKINOILLE
LEVEYS	PAINAVAT
PERSIKKA	SALAISUUDET
ANTIIKKI	ONNEKSI
TULI	SUUNNITELMA

Puzzle 89

```
S P H K K N L A J I G D L O K
J A A O E O O D K F S J W L B
N L K N D K H P N Ä E M H E P
G V U F I O A T E Y M N Z S U
Y E H E S K P V A A G A W K R
U L U R T Ä C A N U G Q A E J
O U U E Ä N Ä L A L K M L L E
V K M N Ä Y L T U N P S L U H
E S E S Q T J I T A T I E A U
N E I S Y J D O R E B L N N O
E S D I X O E N L I I T N R N
X S E N K N O A W Y C V U J O
L A N P C S T L H D I R U U S
L A I T O K S E N M F P K R W
```

KONFERENSSIN
EDISTÄÄ
PURJE
NOPEA
PEHMEÄ
OVEN
KOKO
HUONO
PALVELUKSESSA
SUURI

LAJI
KOHTAUKSEN
NYT
VALTION
LAITOKSEN
HAKU
HUUMEIDEN
KUUNNELLA
OLESKELUA
VIETTÄÄ

Puzzle 90

```
S  S  A  H  W  S  M  H  A  A  L  I  T  V  P
I  N  I  K  N  E  T  I  U  K  V  N  U  A  A
J  R  G  K  R  U  A  R  X  I  I  E  R  A  P
A  K  O  A  B  R  Q  A  I  R  K  N  V  R  E
A  A  L  U  K  A  P  T  U  U  K  I  A  A  R
N  M  O  N  P  A  N  U  S  M  I  L  L  L  I
O  E  I  I  E  A  T  U  C  N  A  L  L  L  N
X  L  B  S  T  T  O  Y  C  V  K  A  I  I  A
P  I  Y  S  L  N  E  F  N  A  W  V  S  S  M
K  N  B  U  M  Ä  R  K  Ä  I  G  R  E  E  N
G  U  K  O  K  V  E  V  O  K  W  U  S  N  E
S  Y  T  S  Ä  S  T  E  M  E  V  T  T  X  Y
L  Ä  M  P  Ö  T  I  L  A  A  M  I  I  J  V
R  A  K  E  N  N  U  K  S  E  N  O  H  O  F
```

MAA-	KAMELIN
TURVALLINEN	KUITENKIN
PAPERIN	SEURAA
SIJAAN	VAIKEA
NOUSU	LÄMPÖTILA
MÄRKÄ	TURVALLISESTI
BIOLOGIA	KULTTUURIN
KAIKKI	VAARALLISEN
RAKENNUKSEN	KAUNIS
SUBSTANTIIVI	METSÄSTYS

Puzzle 91

```
S A K S E T I U W N L J O K O
I A M I A M R D E K H A O K M
L A S I T T E V O W Y U U E E
I T E U K U L Ä T Ä Ä J D M C
E T Q W Q O L F M C D L N M A
P O H X P J E F O Y J Q C N N
J D D U O J S B R K T E B N U
O O K Q A K C J A N I N N U T
F U K Ö P M E F A L Y O Y Z H
S M A I N I T A L G Y K P S P
U N C R N I K N I M M E K I P
P A H I N G I T S A A S N U R
W L A Ä O H U N E D U O L A T
F D O H I N O G N I R U A X W
```

SYNTYMÄ
KONE
ODOTTAA
TUNNIN
SAKSET
MORAALISEN
RUNSAASTI
AURINGON
LASIT
MAINITA

JÄÄTÄ
LAUMA
TALOUDEN
PEILI
SELLERI
HÄIRIÖ
JOKO
SUKUPOLVEN
PAHIN
PIKEMMINKIN

Puzzle 92

```
T  K  I  I  N  N  O  S  T  U  S  T  A  Y  T
N  U  N  N  Ä  Ä  M  Ä  T  R  E  I  K  E
Ä  E  O  Ä  E  N  E  N  E  M  M  Y  K  K  R
Y  P  R  L  N  Y  R  F  K  A  T  C  T  O  Ä
T  Ä  E  L  I  T  S  Y  T  E  I  T  A  R  V
T  R  S  E  M  N  Y  E  I  A  N  A  R  I  Ä
E  Ö  U  H  U  A  Y  V  G  L  T  S  V  W  K
L  I  P  Ä  T  D  J  K  A  U  M  U  I  R  Ä
I  Z  G  L  U  M  E  H  Ä  E  H  K  K  L  R
J  M  Q  R  O  C  J  E  Y  I  M  A  K  F  K
Ä  P  G  A  T  A  O  G  R  T  S  S  E  L  I
M  M  Y  O  I  P  I  K  Ä  N  G  I  E  A  S
S  X  F  H  S  Y  H  A  U  J  U  O  T  D  E
A  S  I  A  K  K  A  A  N  L  V  A  P  N  T
```

SITOUTUMINEN   IKÄ
TIETYSTI   EPÄRÖI
NÄYTTELIJÄ   KIERTÄMÄÄN
TARVIKKEET   ALUE
KORI   ASIAKKAAN
NYKÄISI   KYMMENEN
TERÄVÄKÄRKISET   LÄHELLÄ
TUOLI   ASUKAS
LAHJA   KIINNOSTUSTA
PUSERO   ITKEÄ

Puzzle 93

```
V  J  F  R  K  Y  L  T  K  S  U  U  M  O  I
Ä  O  X  X  O  N  Q  R  Ä  U  U  L  K  K  C
R  H  K  O  H  T  I  M  V  O  Y  E  K  S  S
I  T  O  T  K  Y  A  C  E  S  T  A  J  Y  P
H  A  N  K  S  N  B  P  L  I  T  Ä  K  P  A
P  J  O  G  Y  I  Q  P  L  T  Z  S  N  I  I
V  A  U  N  O  L  A  T  Ä  E  Y  S  L  T  N
J  Z  K  K  F  A  L  A  Y  L  J  I  K  U  O
S  A  I  G  M  A  H  A  L  L  B  G  G  U  V
R  I  V  P  D  M  I  Ä  B  A  S  N  W  S  O
K  I  R  J  A  I  L  I  J  A  H  E  R  P  I
X  B  A  S  O  S  U  E  P  O  N  H  R  N  M
J  U  S  Z  N  E  N  I  M  E  E  T  A  K  A
L  A  A  T  U  D  V  A  I  V  A  A  T  P  B
```

KIRJAILIJA	LAATU
VÄRI	VAIVAA
PAINOVOIMA	SYKSYLLÄ
PITUUS	JOHTAJA
TEKO	SUOSITELLA
DESIMAALIN	LUU
HENGISSÄ	KÄVELLÄ
TAKKI	KOHTI
TALON	AKATEEMINEN
NOPEUS	SARVIKUONO

Puzzle 94

```
V  J  Ä  R  J  E  S  T  E  L  M  Ä  X  T  N
A  V  S  K  Ö  Y  H  Y  Y  S  V  S  M  Y  O
S  O  I  C  H  M  H  O  I  T  O  O  N  P  E
T  I  K  Z  Y  U  A  A  D  G  R  N  V  E  P
A  T  K  K  L  U  U  T  S  A  V  J  C  R  O
U  T  I  H  Ä  M  Z  D  J  K  G  A  V  Ä  L
S  O  E  T  T  I  S  A  N  A  S  T  O  A  T
Z  A  L  O  Ä  O  N  Ä  A  X  T  P  B  V  T
A  V  E  L  E  T  T  U  K  U  O  H  A  U  A
T  Z  G  L  R  C  L  Z  U  I  F  E  A  R  A
V  I  U  U  F  L  Y  X  X  N  R  O  B  M  I
H  U  W  P  K  O  R  O  T  U  S  Ä  M  B  B
S  N  O  W  D  R  O  P  S  G  F  Y  V  E  J
V  A  I  H  T  O  E  H  T  O  I  S  I  A  M
```

VASTUU	TYPERÄ
MUUMIO	VAIHTOEHTOISIA
HYLÄTÄ	HOUKUTTELEVA
VASTAUS	KOROTUS
JÄRJESTELMÄ	SNOWDROPS
RAJA	POLTTAA
HOITOON	KÖYHYYS
LEIKKISÄ	SANASTOA
PARI	VÄRIKÄS
VOITTOA	PULLOT

Puzzle 95

```
O  G  V  Y  I  U  L  K  O  M  A  I  S  E  N
L  M  A  T  S  Y  V  H  P  B  M  I  U  S  Q
K  V  A  A  Ä  T  Q  H  A  L  U  A  V  A  T
A  U  R  L  P  E  Ä  K  H  E  S  M  C  A  L
P  L  A  O  P  S  E  V  Z  V  O  G  A  H  G
Ä  E  L  U  Y  K  P  I  Ä  T  I  T  I  Y  K
Ä  V  L  D  H  U  L  R  L  L  S  L  X  N  W
Y  I  I  E  T  N  Y  E  N  A  L  G  L  Y  R
K  Ä  S  L  O  N  Z  G  R  I  S  I  M  A  G
X  M  T  L  I  A  K  A  I  Q  Q  B  N  D  H
D  I  A  I  S  T  V  N  V  A  R  J  O  E  C
E  S  R  S  T  S  N  A  N  N  U  U  S  K  N
J  E  G  I  E  U  T  M  W  N  E  Z  L  W  R
O  N  M  A  N  K  H  E  L  P  O  T  T  U  U
```

VARASTAA	KUSTANNUKSET
VILLA	VARJO
OSUMA	SIR
LEVIÄMISEN	YSTÄVÄLLINEN
HALUAVAT	TOISTEN
HYPPÄSI	TALOUDELLISIA
OLKAPÄÄ	ULKOMAISEN
HELPOTTUU	MANAGERI
EHKÄ	YLPEÄ
SUUNNAN	VAARALLISTA

Puzzle 96

```
M P E L U M I U K K O M X N H
N I M M U U L E I M R M H G A
L A S S U L E T T A T S A A H
E K A T A A U S T U K U T J T
V Ä U F Ä G E D T A K F J X E
Ä Y O S Z E F Q T L J K G X H
T T S X P J B S K O R K K I T
Ä T T R Y J E T E N N I S G Ä
I Ö A B Y L L Y H A J R I K V
N E N I L L A A K N I N U K Ä
S U U U W Q C A A L A S L I N
A F T Y N Y T T E P F Z F F Ä
T A R K K A I L U Y D Z V H M
W S I L M Ä Y K S E L L Ä V W
```

LEVÄTÄ
KUNINKAALLINEN
KIRJAHYLLY
TEHTÄVÄNÄ
PETTYNYT
TARKKAILU
LUMIUKKO
KUTSUA
MISTÄ
KATSELLUT

KORKKI
HAASTATTELUSSA
MIELUUMMIN
ALAS
SILMÄYKSELLÄ
OSTANUT
TENNIS
SEEPRA
KÄYTTÖ

Puzzle 97

```
E M A T N I M M E R A P H N P
D D F F O N O H R E V L W C I
A Ä W I I A E K K U N Ä X E Y
S S K N T P H T A A S N U R E
S S I P A I Y Z T N O T T L L
O E W O K Q Y E D O O E A U M
N D Z K I U P S Y J V E W E P
N E R L U T K X Q I L N J W U
U O Q W V E A H N E T S E I M
K K Ä Y T T Ä J Ä L L E Y W R
R I O S Y U S I V U U T T A A
A N S A I T A H U O L T A A W
N P A L K I N N O N O X K F M
D E S I M A A L I N S T A Z O
```

PYYHE
KUNNOSSA
MIESTEN
LEIJONA
ASIOITA
KÄYTTÄJÄLLE
NUKKE
NOITA
PAREMMIN
HUOLTAA

EDESSÄ
LÄNTEEN
ANSAITA
SIVUUTTAA
VERHON
PALKINNON
NETTO
RUNSAAT
DESIMAALIN
KORKKI

Puzzle 98

```
D M Q B B P T I L I S N O L K
X M Q E P A P O J C E X K N E
Y D O Q P R J G F K L H K A R
H F X N Y H Ä C T C V T I V R
A R V I O A V A I N I U I A O
Z H K N Z I Y E N I Y L V V K
G K I E T T K F J A T E D A S
G J B R I E Ä P W K Y V G T E
G N I K E N N O J K V A B T S
M A S E N T A A T I Ä T H E S
K A M E R A N N J R T N N R A
T U U M A A K N G A E K S U R
K A U S I Y G O Q P L C C A W
X E R I S T E T T Y G H C N W
```

KERROKSESSA
KAMERAN
AIHE
SELVIYTYVÄT
ARVIO
NAURETTAVA
RIKKAIN
TILI
VIIKKO
TULEVAT

VAIN
JOPA
JONNEKIN
MASENTAA
TUUMAA
RUSKEA
NÄKYVÄ
KAUSI
PARHAITEN
ERISTETTY

Puzzle 99

```
R  Q  I  T  T  N  E  G  A  S  C  L  C  V  T
H  H  J  E  A  J  I  E  L  E  E  E  D  A  I
H  K  B  U  I  R  H  S  M  U  O  H  A  H  K
O  F  U  I  V  U  J  V  T  R  W  D  E  V  K
D  P  K  I  T  T  R  O  P  A  R  E  R  A  U
J  H  E  G  C  A  Q  Q  A  A  T  N  I  N  J
M  Y  H  T  J  K  X  F  K  V  L  G  T  K  O
Z  M  M  U  T  A  A  Z  P  N  A  W  Y  O  I
S  U  U  K  K  A  J  H  A  L  N  T  I  T  S
H  H  I  M  O  K  J  N  A  U  U  T  S  I  T
Z  E  Z  N  O  T  U  A  U  R  J  R  E  I  A
L  Y  H  E  N  N  E  V  Z  A  Q  Q  N  N  U
H  Y  Ö  K  K  Ä  Y  S  A  K  E  N  N  O  X
C  L  J  O  A  T  T  U  E  T  S  O  K  T  K
```

KOSTEUTTA	LAHJAKKUUS
HUKKUVAT	JUNA
OPETTAJA	KOTIIN
LEIJA	RAPORTTI
HYÖKKÄYS	AGENTTI
LYHENNE	TARJOAVAT
JOISTA	ERITYISEN
VAHVAN	ONNEKAS
AUTON	TIKKU
LEHDEN	SEURAA

Puzzle 100

```
V A N K I L A A N E N I S E K
H A A R A S B X Y L I P H I A
K E O Z S N D F M L R S Y E I
O V N L I L C J A N E I S T V
R I R X U H E H K U T V K K O
T N U F G U P W R A T P Ä J K
T I D R G U U A A K O T V K S
I I N E N I A K O J O F Y W E
Y S W Z E V T W L Q K S H K N
C N I L A A N G I S S V Q L K
E E K A S O V A A T T E I T A
E B N E J O T U A N H J P Q E
H U O M A U T U S F D H Q E H
O L A I T T A A O C O N U Z X
```

HYVÄKSY	AUTOJEN
JOKAINEN	VAATTEITA
BENSIINI	HUOMAUTUS
SIGNAALIN	VANKILAAN
OUTO	HAARA
OSAKE	KÄVELY
ESINE	SEURAAVAAN
ARKA	HEHKU
KAIVOKSEN	SKOOTTERIN
KORTTI	LAITTAA

Puzzle 1

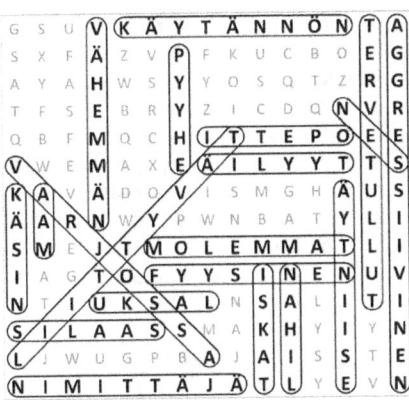

Puzzle 2

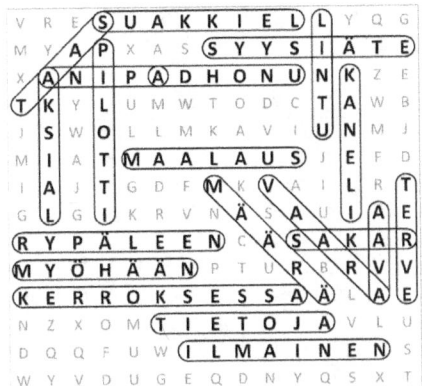

Puzzle 3

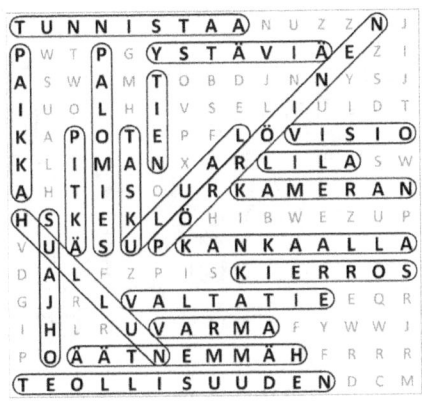

Puzzle 4

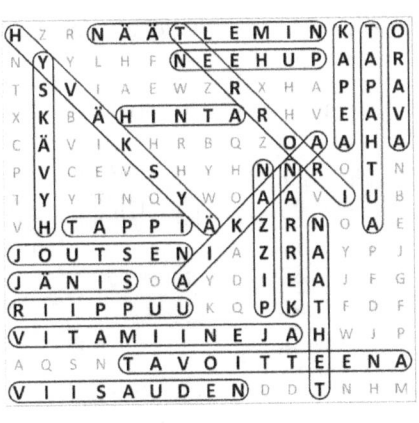

Puzzle 5

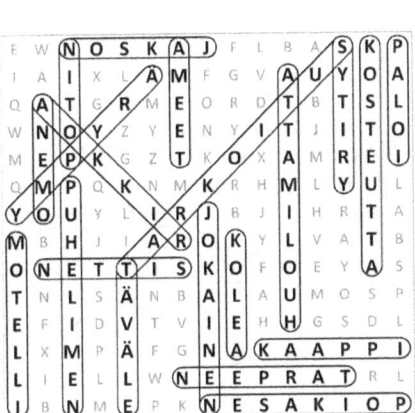

Puzzle 6

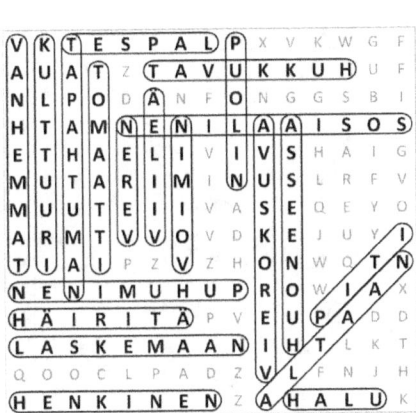

Puzzle 7

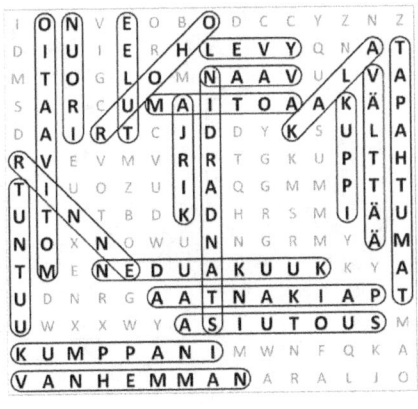

Puzzle 8

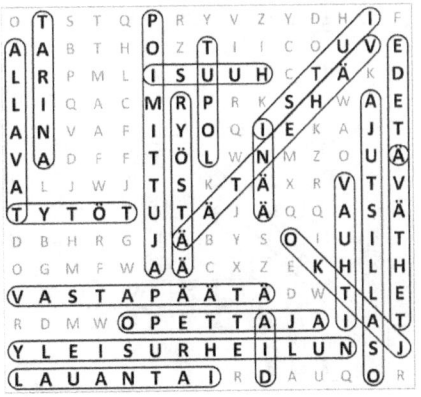

Puzzle 9

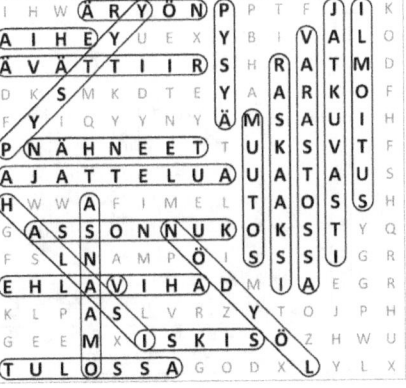

Puzzle 10

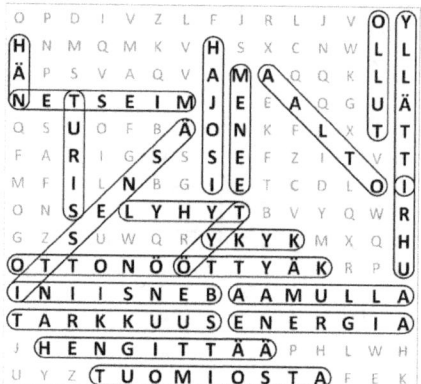

Puzzle 11

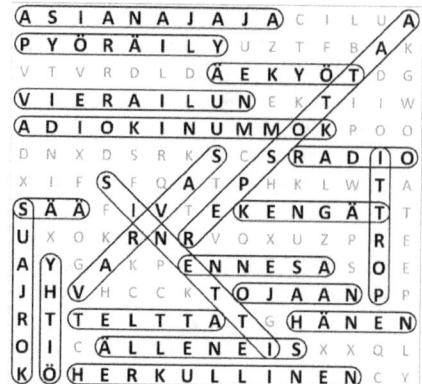

Puzzle 12

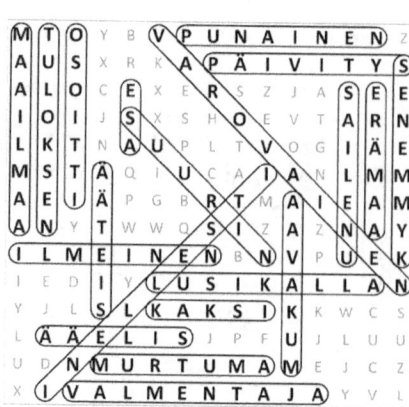

Puzzle 13

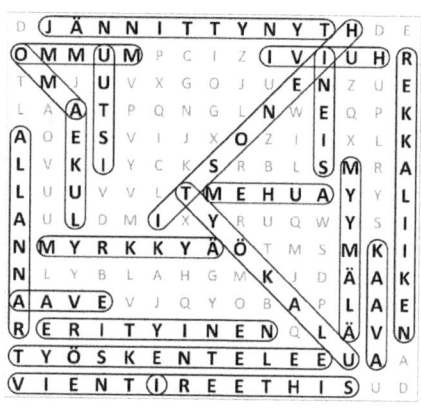

Puzzle 14

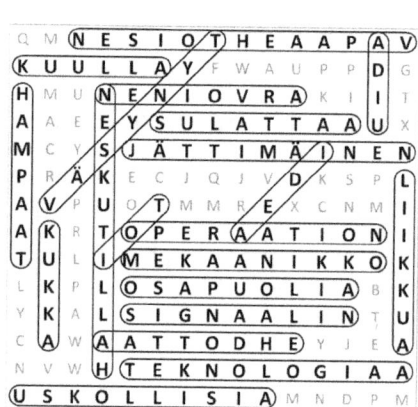

Puzzle 15

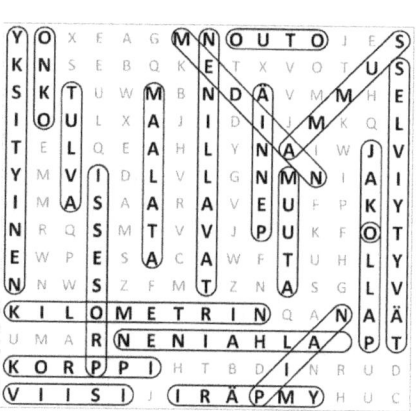

Puzzle 16

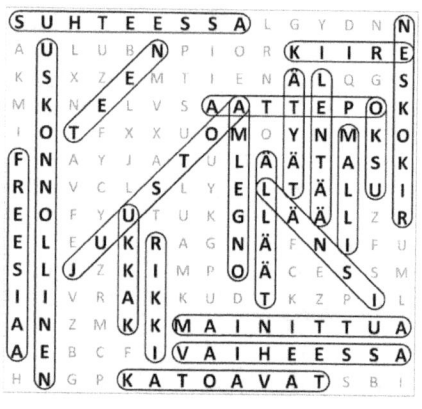

Puzzle 17

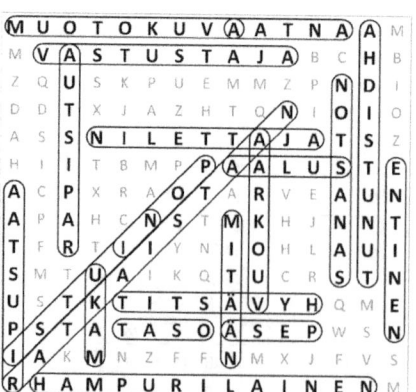

Puzzle 18

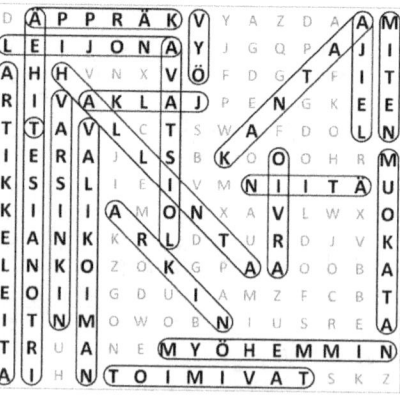

Puzzle 19

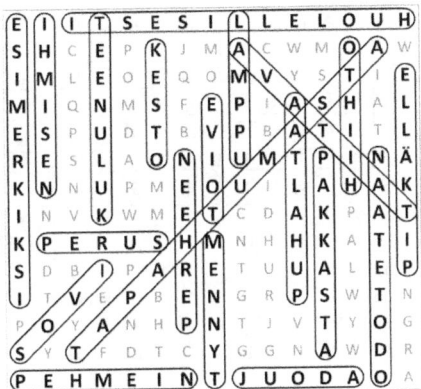

Puzzle 20

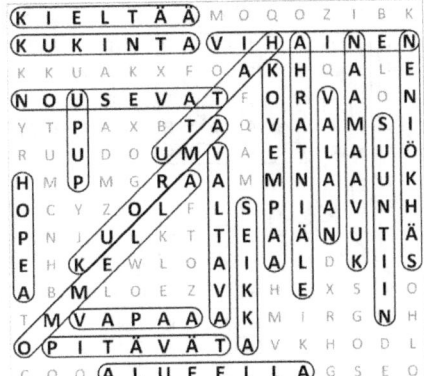

Puzzle 21

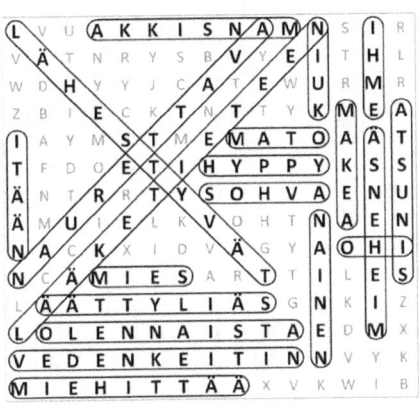

Puzzle 22

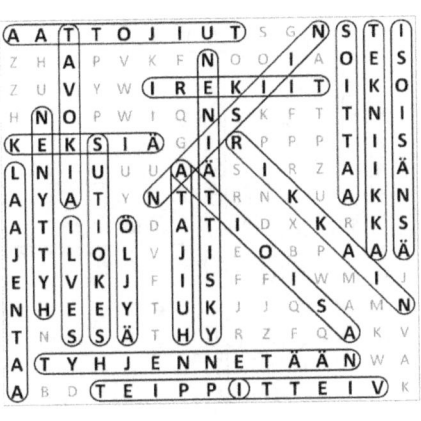

Puzzle 23

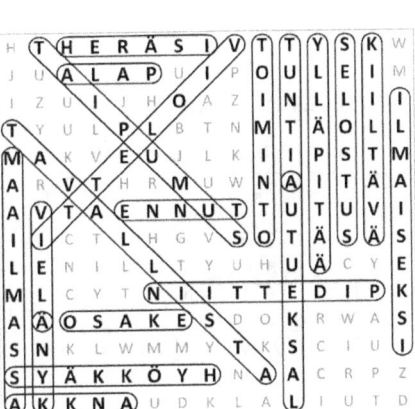

Puzzle 24

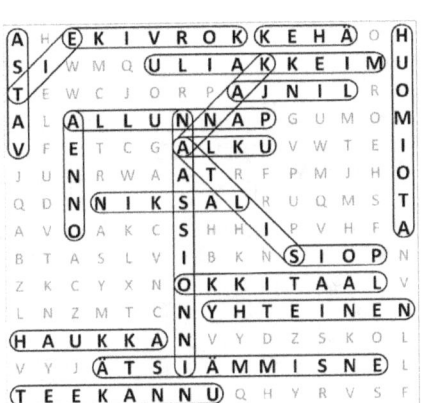

Puzzle 25

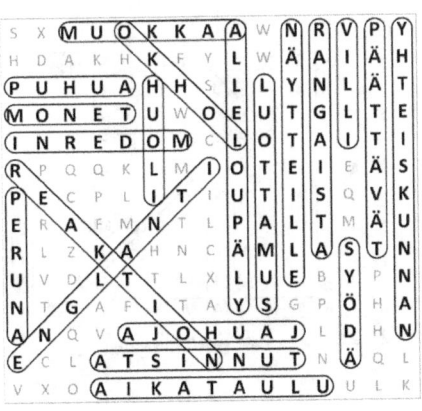

Puzzle 26

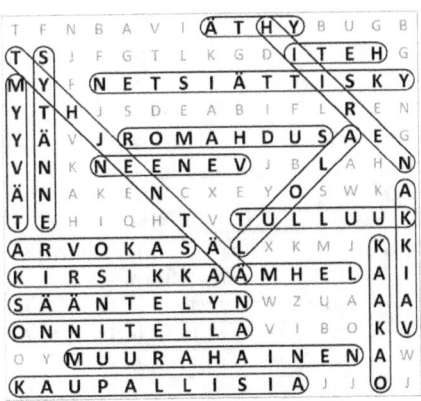

Puzzle 27

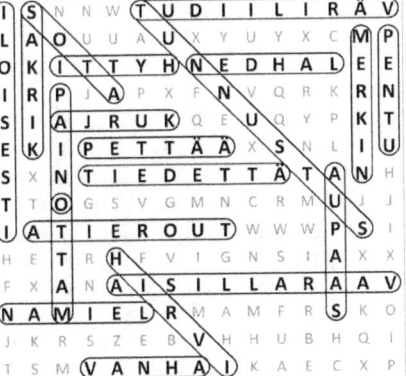

Puzzle 28

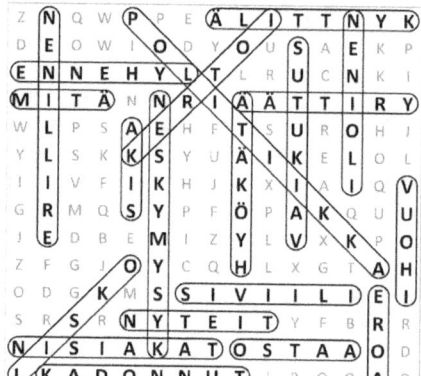

Puzzle 29

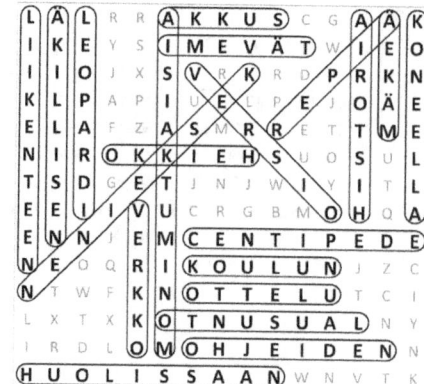

Puzzle 30

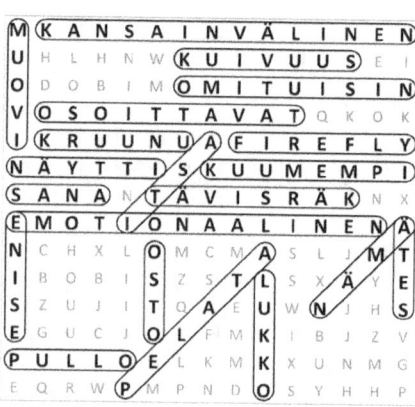

Puzzle 31

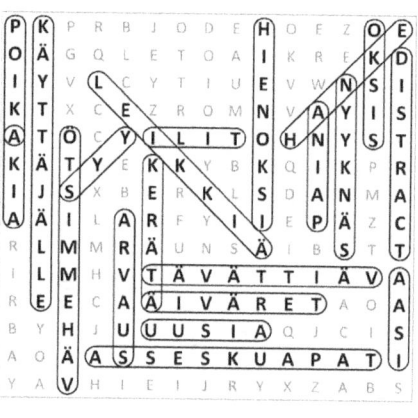

Puzzle 32

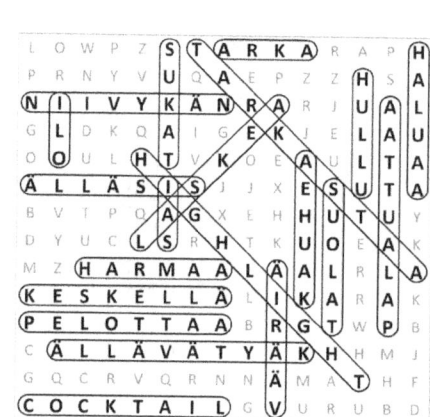

Puzzle 33

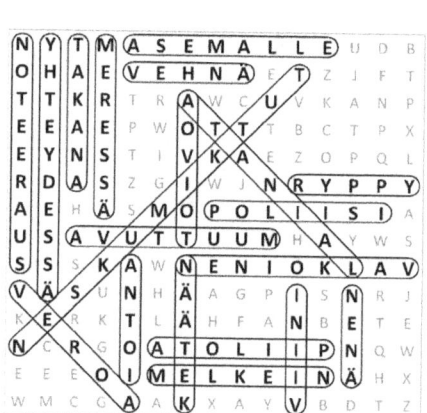

Puzzle 34

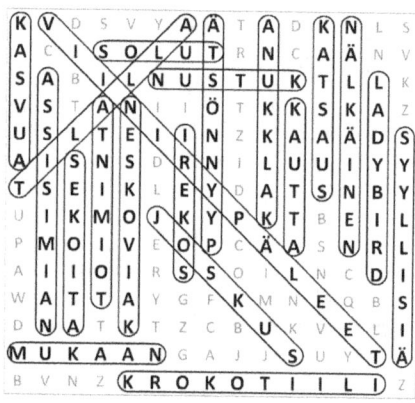

Puzzle 35

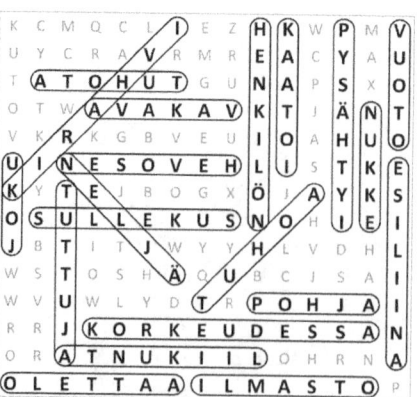

Puzzle 36

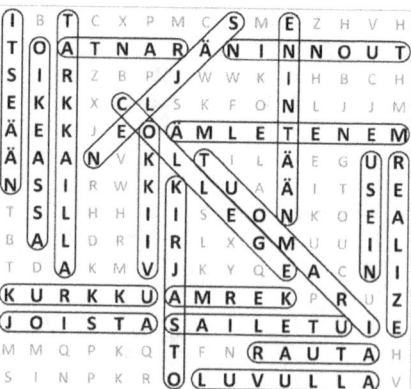

Puzzle 37

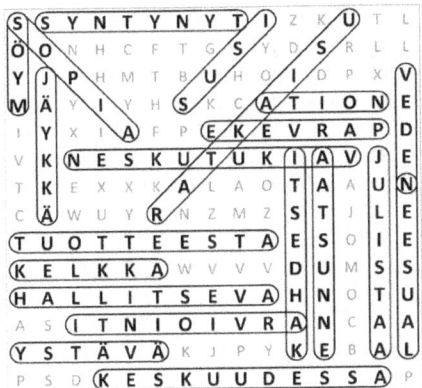

Puzzle 38

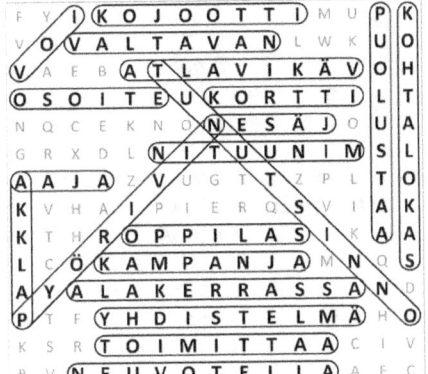

Puzzle 39

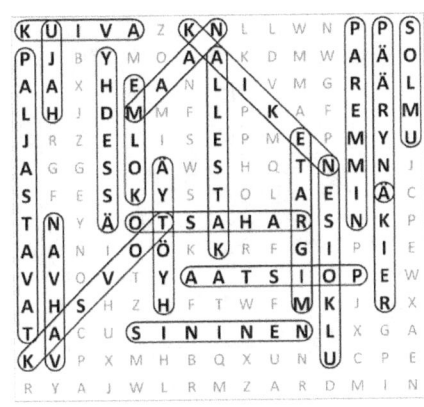

Puzzle 40

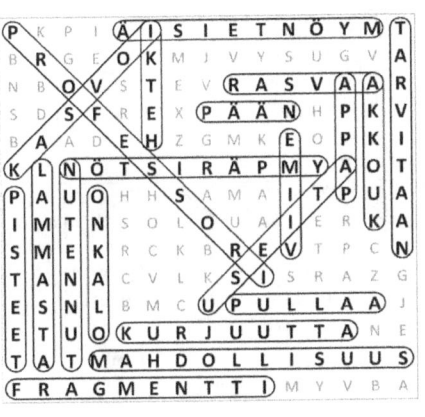

Puzzle 41

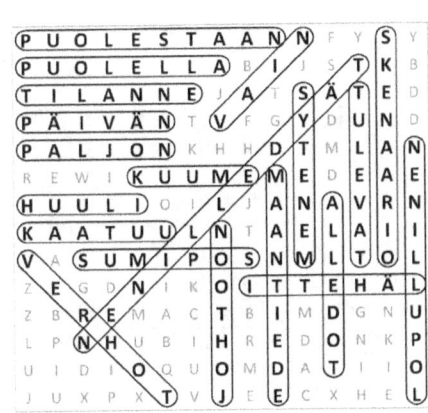

Puzzle 42

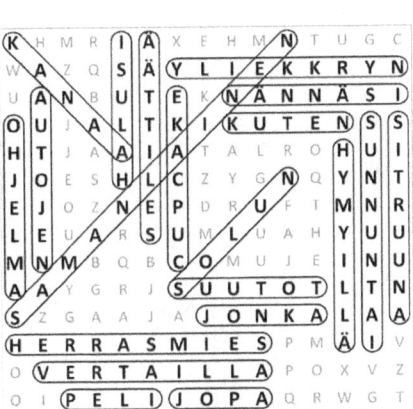

Puzzle 43

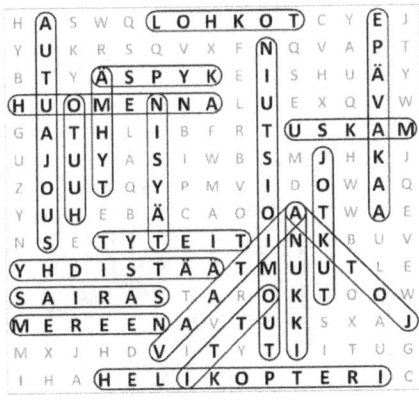

Puzzle 44

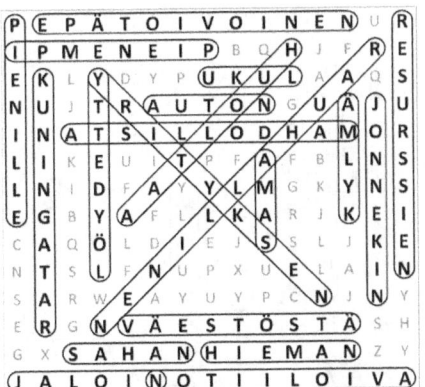

Puzzle 45

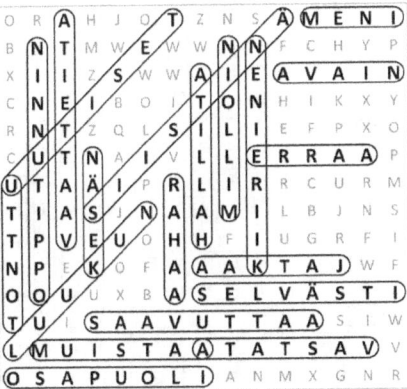

Puzzle 46

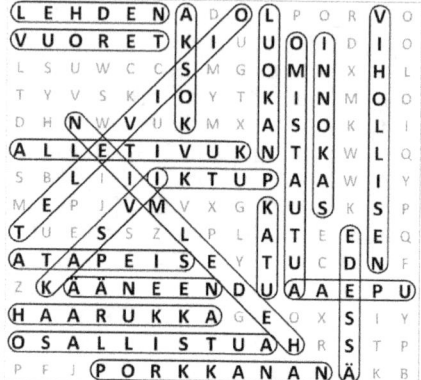

Puzzle 47

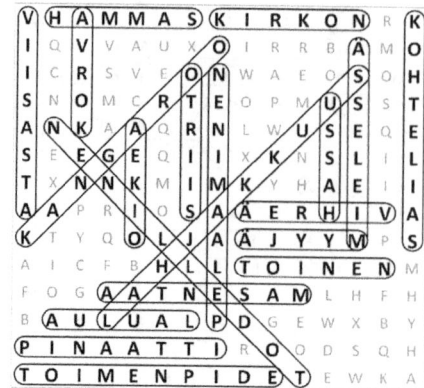

Puzzle 48

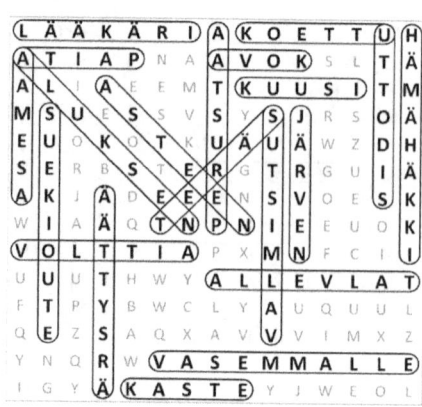

Puzzle 49

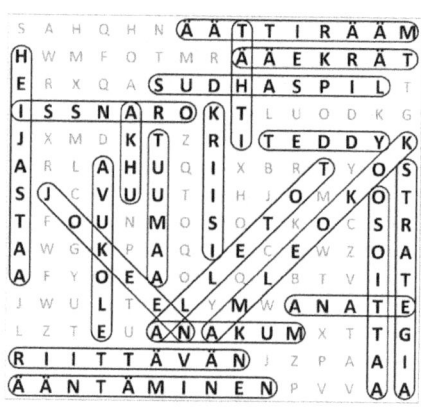

Puzzle 50

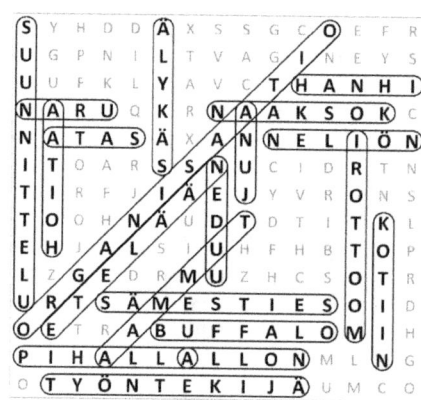

Puzzle 51

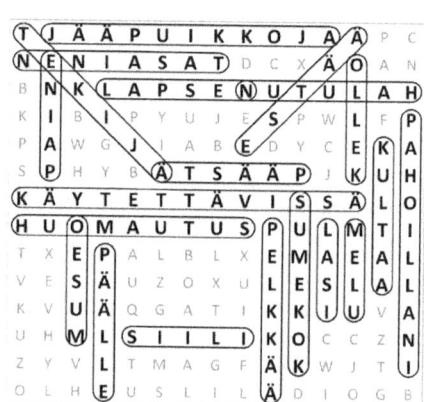

Puzzle 52

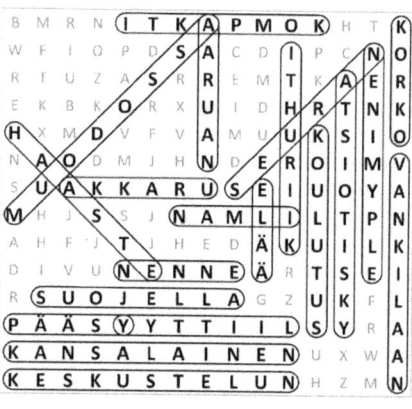

Puzzle 53

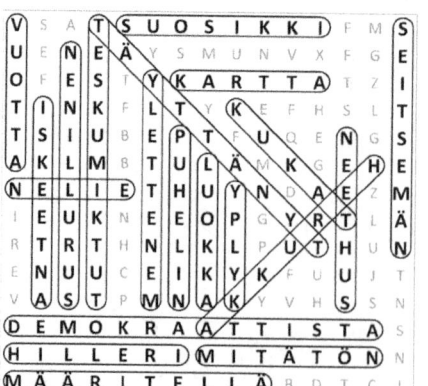

Puzzle 54

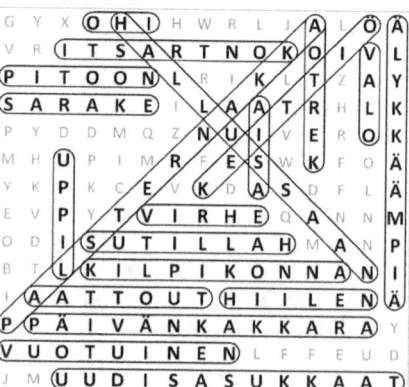

Puzzle 55

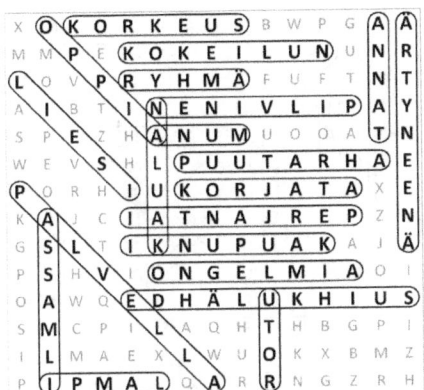

Puzzle 56

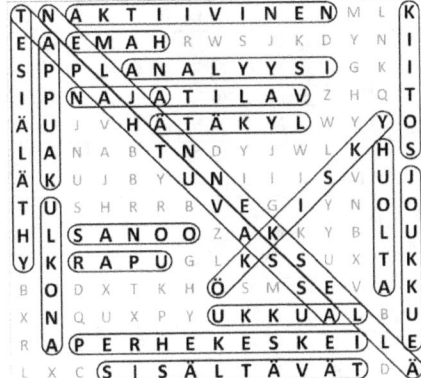

Puzzle 57

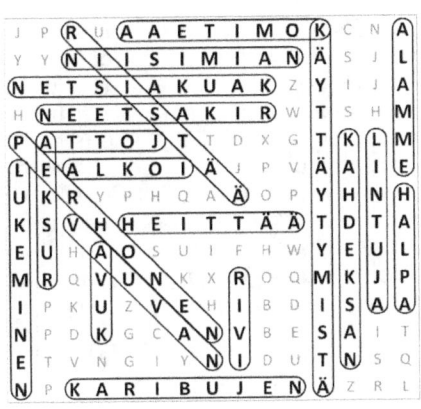

Puzzle 58

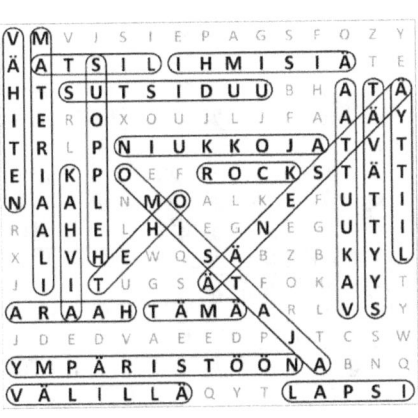

Puzzle 59

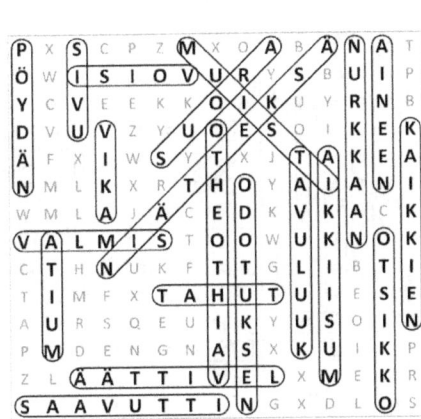

Puzzle 60

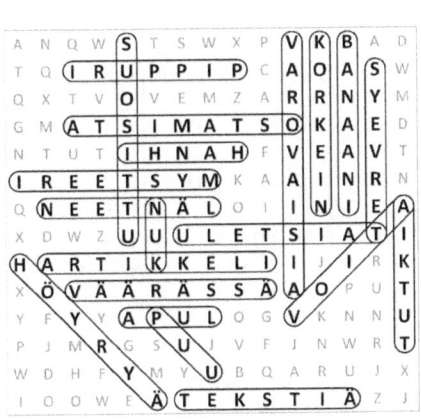

Puzzle 61

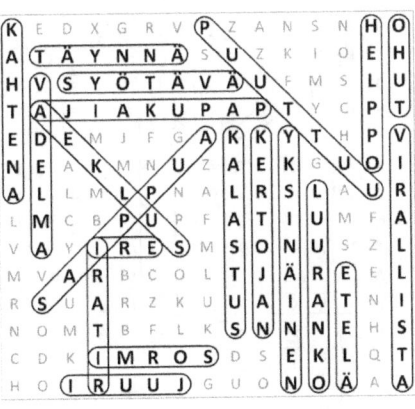

Puzzle 62

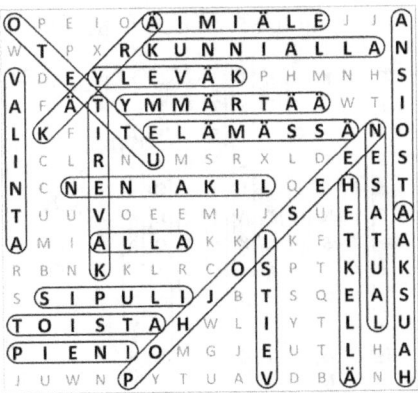

Puzzle 63

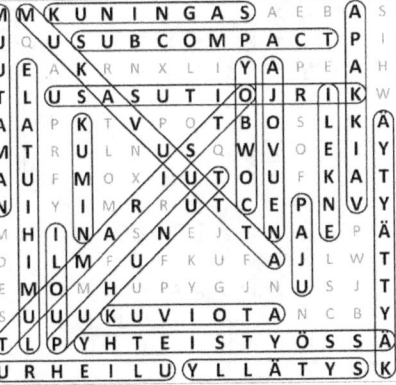

Puzzle 64

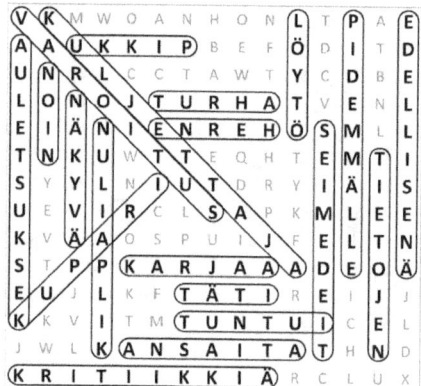

Puzzle 65

Puzzle 66

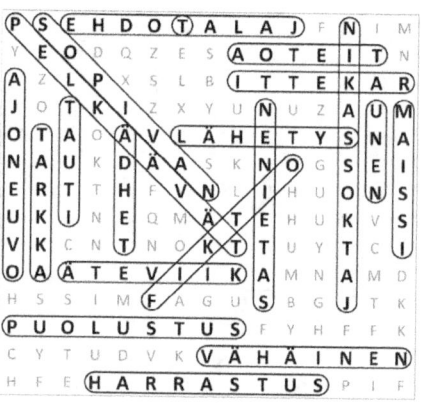

Puzzle 67

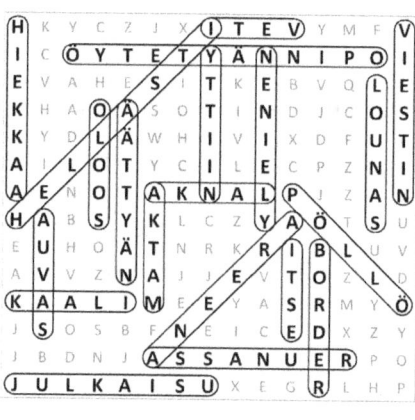

Puzzle 68

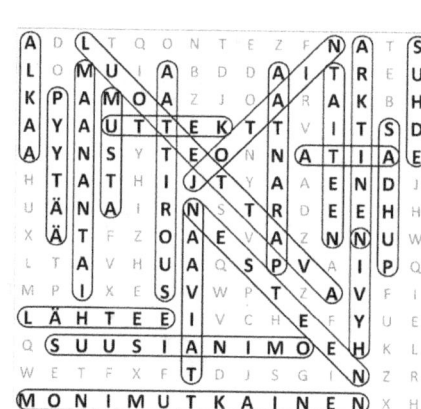

Puzzle 69

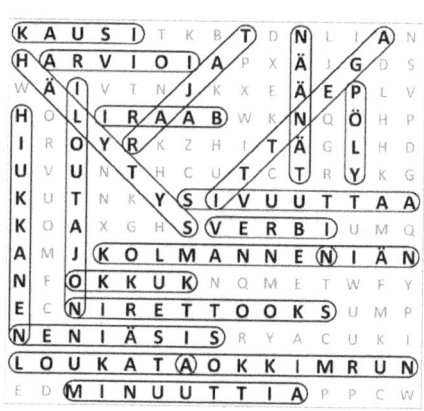

Puzzle 70

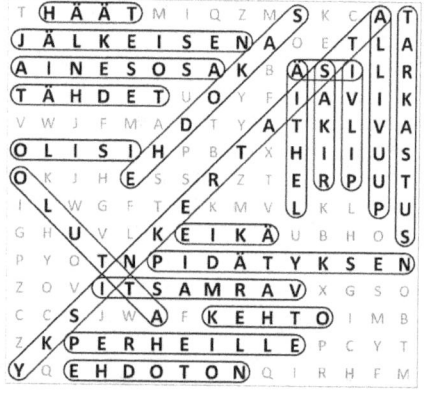

Puzzle 71

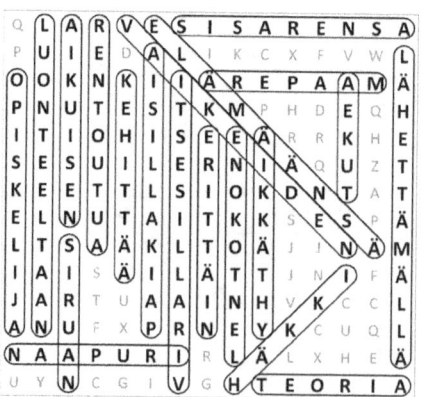

Puzzle 72

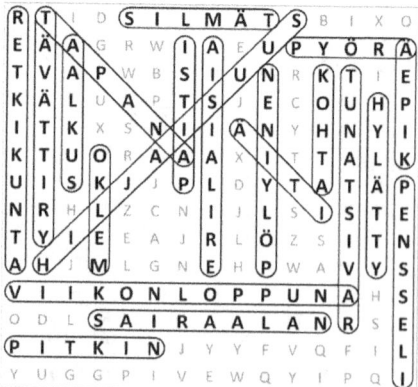

Puzzle 73

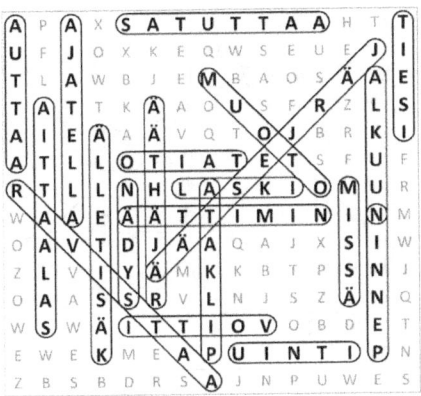

Puzzle 74

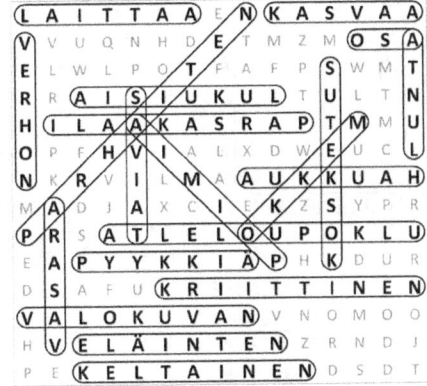

Puzzle 75

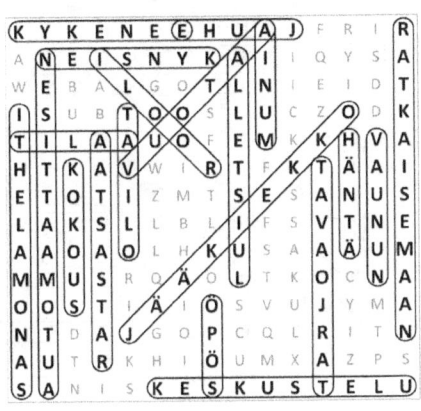

Puzzle 76

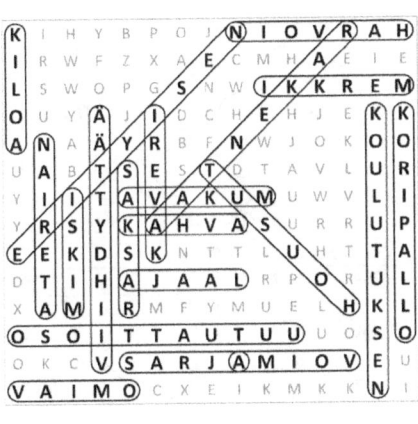

Puzzle 77

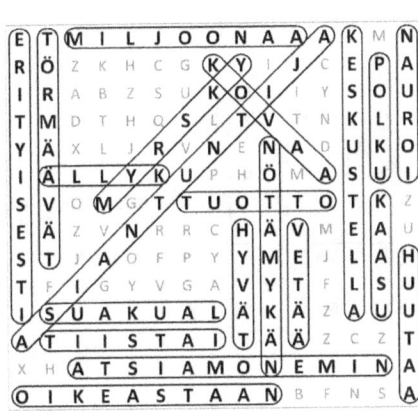

Puzzle 78

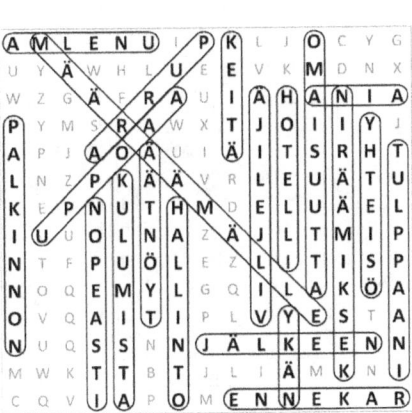

Puzzle 79

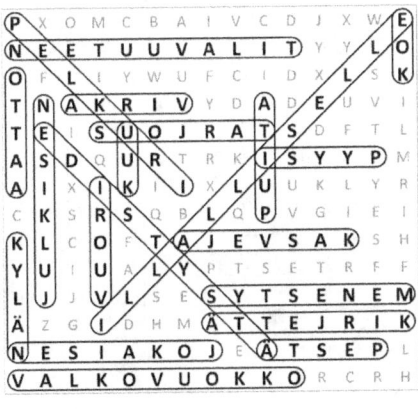

Puzzle 80

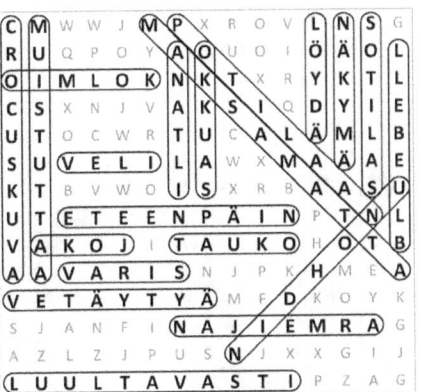

Puzzle 81

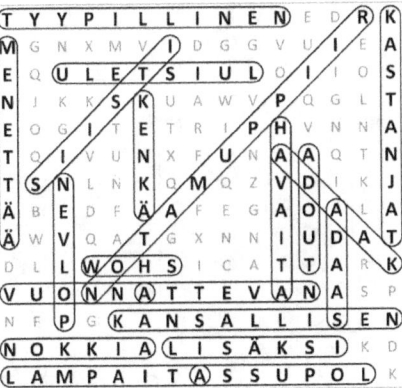

Puzzle 82

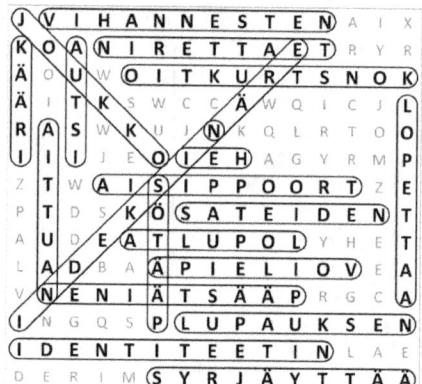

Puzzle 83

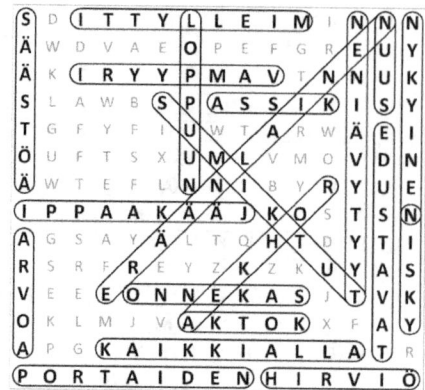

Puzzle 84

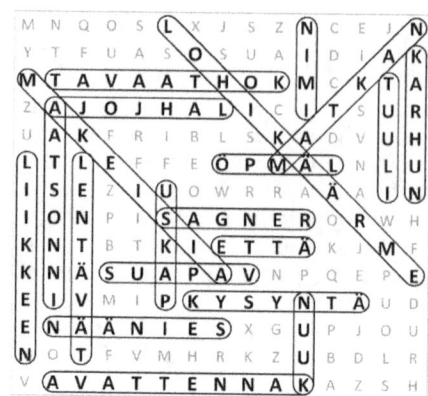

Puzzle 85

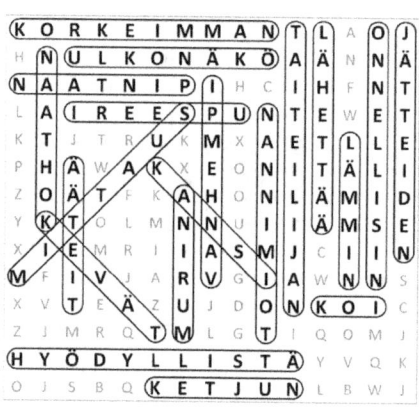

Puzzle 86

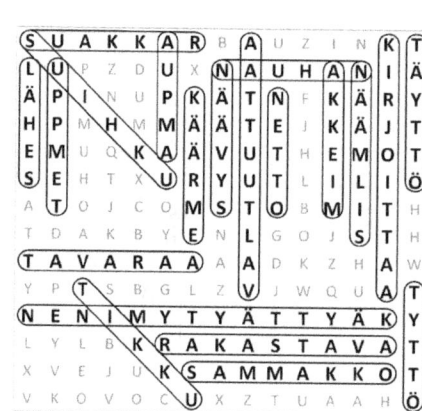

Puzzle 87

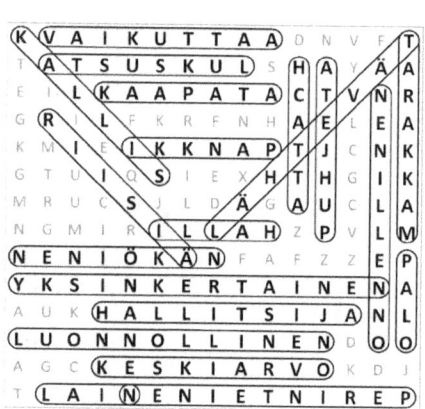

Puzzle 88

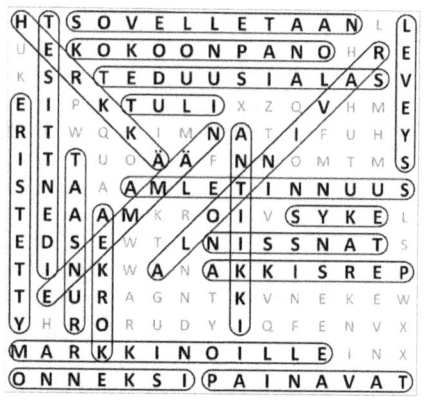

Puzzle 89

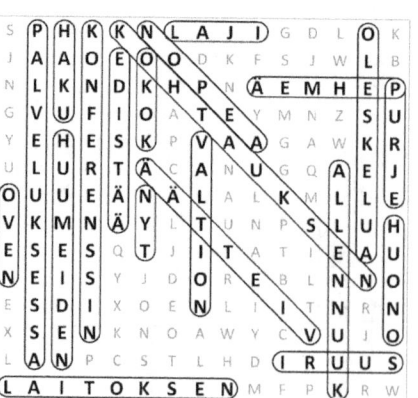

Puzzle 90

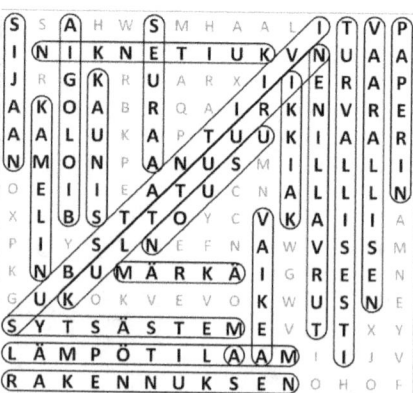

Puzzle 91

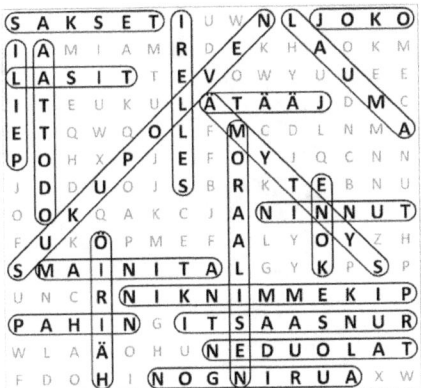

Puzzle 92

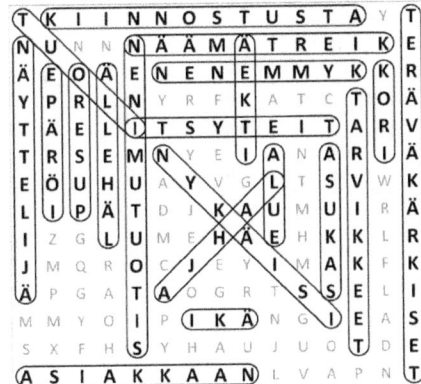

Puzzle 93

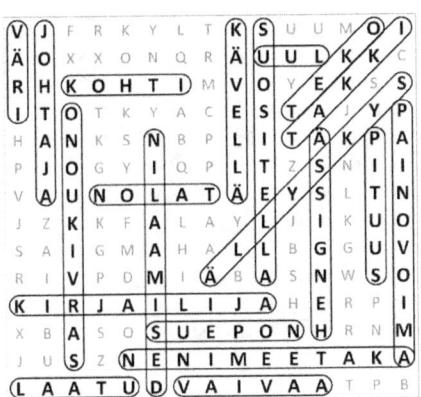

Puzzle 94

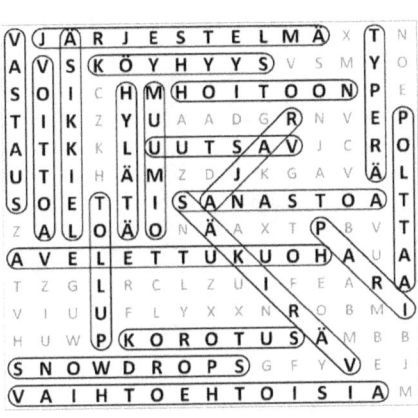

Puzzle 95

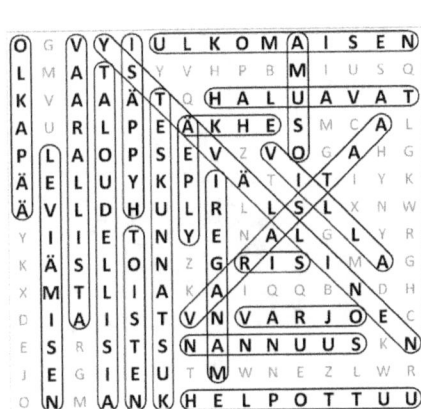

Puzzle 96

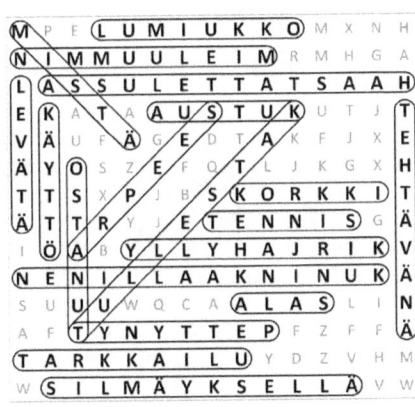

Puzzle 97

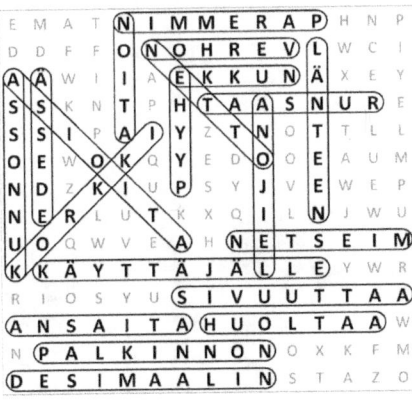

Puzzle 98

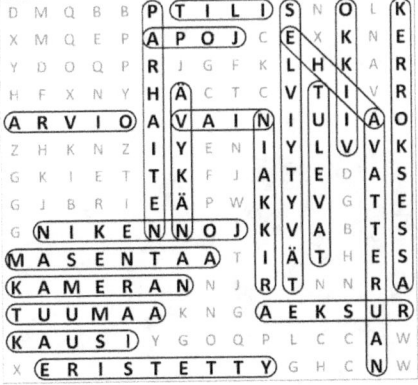

Puzzle 99

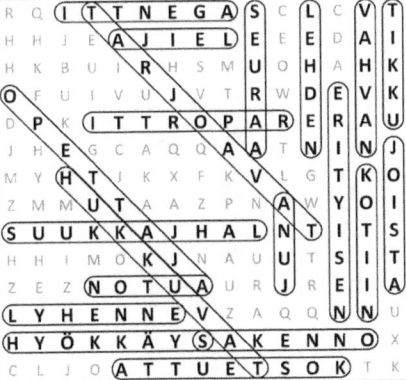

Puzzle 100

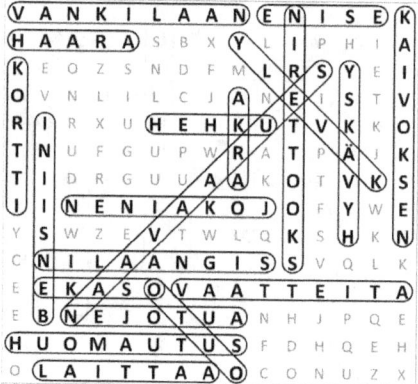

Congratulations

You made it!

We hope you enjoyed this book as much as we enjoyed making it. We do our best to make high quality games.

These puzzles are designed in a clever way to actively spark the brain and make it sharp and quick!
Did you love them?

A Simple Request

Our books exist thanks to the reviews you post on Amazon. Could you help us by leaving a review now?

Here is a short link which will take you to your Amazon orders review page.

BestBooksActivity.com/Review50

MONSTER CHALLENGE!

Challenge #1

Ready for Your Bonus Game? We use them all the time but they are not so easy to find. Here are **Synonyms**!

Note 5 words you discovered in each of the Puzzles noted below (#21, #36, #76) and try to find 2 synonyms for each word.

Note 5 Words from **Puzzle 21**

Words	Synonym 1	Synonym 2

Note 5 Words from **Puzzle 36**

Words	Synonym 1	Synonym 2

Note 5 Words from **Puzzle 76**

Words	Synonym 1	Synonym 2

Challenge #2

Now that you are warmed-up, note 5 words you discovered in each Puzzle
noted below (#9, #17, #25) and try to find 2 antonyms for each word.
How many lines can you do in 20 minutes?

Note 5 Words from **Puzzle 9**

Words	Antonym 1	Antonym 2

Note 5 Words from **Puzzle 17**

Words	Antonym 1	Antonym 2

Note 5 Words from **Puzzle 25**

Words	Antonym 1	Antonym 2

Challenge #3

Wonderful, this monster challenge is nothing to you!

Ready for the last one? Choose your 10 favorite words discovered in any of the Puzzles and note them below.

1.	6.
2.	7.
3.	8.
4.	9.
5.	10.

Now, using these words and within a maximum of six sentences, your challenge is to compose a text about a person, animal or place that you love!

Tip: You can use the last blank page of this book as a draft!

Your Writing:

Explore a Unique Store
Set Up **FOR YOU!**

MEGA DEALS

BestActivityBooks.com/**TheStore**

Designed for **Entertainment**!

Light Up Your Brain With Unique **Gift Ideas**.

Access **Surprising** And **Essential Supplies**!

CHECK OUT OUR MONTHLY SELECTION NOW!

- Expertly Crafted Products -

NOTEBOOK:

SEE YOU SOON!

Delta Classics Team